प्रेरणा

– गीता से

प्रस्तुत

रवि वाजपेयी

पुस्तक का उद्देश्य

पुस्तक का उद्देश्य वर्तमान भौतिक प्रति युग में भगवत गीता और प्रबंधन व्यवस्था पर अत्यधिक ध्यान केंद्रित किया जा रहा है। प्रबंधन एक विज्ञान है और इस पर तरह–तरह के तरीके और विचार अपनाए जा रहे हैं। प्रस्तुत पुस्तक गीता के प्रबंधन व्यवस्था पर नए आयाम तय करेगी ऐसा मेरा पूर्ण विश्वास है।

भगवत गीता पर अपने–अपने ढंग से तो भाष्य लिखने के हजारों महानुभावों ने अथक प्रयास किए हैं। गांधीजी की गीता माता डॉक्टर बाल गंगाधर तिलक के सर्वपल्ली राधाकृष्णन सी राजगोपालाचारी आचार्य विनोबा भावे इत्यादि की गीता के सार के रूप में सर्वमान्य है। आधुनिक युग में विवेक विवेक बिंद्रा की प्रबंधन व्यवस्था और गीता के महत्व पर बहुत से व्याख्यान यूट्यूब इत्यादि पर भी आसानी से देखने को मिलते हैं। प्रस्तुत पुस्तक उन सभी ग्रंथों से हटकर नए आयाम अध्याय की शुरुआत करने की कोशिश की गई है। यह सर्वविदित है कि श्री कृष्ण दुनिया के पहले हर क्षेत्र के गुरु और उपदेशक रहे हैं। उनके प्रेरणा से युद्ध भूमि में निराश अर्जुन के मन मस्तिष्क में एक नई ऊर्जा शक्ति का संचार होता है बल्कि दुनियादारी जीवन के नैतिक मूल्यों का ज्ञान भी होता है कहते हैं कि जहां जहां कृष्ण अर्जुन संवाद होता है विजयश्री वहां पहुंच जाती है।

गीता के अनमोल वचन जीवन दर्शन दैनिक मनोविज्ञान और नीतिशास्त्र है। 17 वीं शताब्दी में गीता का अंग्रेजी अनुवाद जब यूरोप और अमेरिकी देशों में पहुंचा तो रचना के संसार में तूफान मचा गया और रोमांटिक युग के कवियों एवं पाश्चात दर्शन में क्रांति आ गई।

प्रेरणा – गीता से

प्रस्तुत पुस्तक छात्रों के लिए सद उपयोगी सिद्ध हो सकता है क्योंकि गीता के आसक्त कर्म सिद्धांत और कर्म फल की रक्षा का त्याग से कर्म करना एक बहुत बहू आयामी सफलता सूत्र है।

जीवन से थके हारे निराश व्यक्ति के लिए भी उपयोगी है क्यों शरीर और आत्मा के भेद की जानकारी होने पर कोई या व्यक्ति निराश व आत्महत्या के बारे में नहीं सोच सकता है।

आसान तरीके से बताएं गए गीता ज्ञान जानकर किसी भी क्षेत्र में सर्वोच्च सफलता प्राप्त हो सकती है।

प्रेरणा (Motivation) के लिए इससे प्रमाणिक कोई पुस्तक इस समय तक बाजार में उपलब्ध नहीं है कर्म ज्ञान और ध्यान (Meditation & Knowledge) पर यह अद्वितीय वह अद्भुत पुस्तक रचना है।

यह इसे सही रूप में सरल सुबोध शब्दों में ज्ञानवर्धक बनाने का अथक प्रयास किया है।

– लेखक

लेखक परिचय

रवि वाजपेयी

पुरा नाम – रवि प्रताप वाजपेयी

लेखक झारखण्ड / बिहार के राज्य पुलिस विभाग में सन् 1989 में दरोगा पद पर बहाल हुए। सेवाकाल अवधि पुरी कर सन् 2021 में सेवानिवृत्त हुए।

लेखक थाना प्रभारी के पद पर पदभार 26 वर्ष तक कार्यत रहे, तत्पश्चात् प्रोन्नत होकर पुलिस के उच्च पदाधिकारी पद से सेवानिवृत हुए।

शिक्षा के बारे में :-

छात्र जीवन काल से लेखन के प्रति रुचि रही है।

'कविता संग्रह', **'अनुभूति'** – प्रकाशित, **'नई दिशा'** – नामक पुस्तक प्रकाशित। स्थानीय अखबार में लेख तथा पत्रिका में भी कई कथा-कहानी, लघुकथा आदि प्रकाशित हुए हैं।

लेखक कवि के रूप में ज्यादा प्रसिद्ध हैं।

स्थानीय पता – बोकारो झारखंड

स्नेहिल और आदरपूर्ण समर्पण पूज्यनीय नानि माँ – श्रीमती स्वर्गीय महामाया देवी के चरणों में अर्पण उनके आशीर्वचन एवं संस्कार ने यहां तक पहुंचने में मदद की।

भगवान श्री कृष्ण जी की कृपानुभूति

भगवान श्री कृष्ण की कृपानुभूति से हमेशा अच्छी व सकारात्मक बातें दिमाग व मस्तिष्क में मन मस्तिष्क में संचालित होती है सात्विक सोच से मन प्रफुल्लित रहता है हमेशा आनंद की अनुभूति विभूति मिलती है। इससे जिज्ञासा पैदा होती है और जानने की प्रवृत्ति जागृत रहती है।

भगवान श्री कृष्ण के प्रेरणा से यह किताब उन्हीं के चरण कमलों में समर्पित।

किनके लिए है यह पुस्तक ?

हर परिवार के लिए (All Families)

कार्यालय (Office)

मित्र (Friends)

सोसाइटी (Society)

हर वर्ग के छात्र के लिए (Every Class)

प्रबंधन के छात्र एवं कर्मियों के लिए (Management Students and Employee)

Can we imaging life

Without **"Geeta"**

अनुक्रमणिका

अध्याय – 1 (एक)

भगवत गीता अध्ययन के पूर्व जानने योग्य जरूरी बातें

1) श्रीकृष्ण ने अर्जून का गीता क्यों सुनाई ?
2) सुशर्या की कथा
3) भगवान किसे कहते हैं ?
4) भगवान और इंसान में भेद
5) कपिल मुनी की कथा
6) इन्द्रिय तृप्ति
7) बुद्धियोग
8) समबुद्धि
9) इन्द्रियों का बश में करने के तरीके
10) क्रोध – कारण व निवारण
11) सदन कसारी की कथा
12) आत्म साक्षात्कार

अध्याय – 2 (दो)

कर्म योग

1) लोग पाप क्यों करते हैं ?

पूर्णजन्म का सिद्धान्त – 3 (तीन)

1) पूर्णजन्म का सिद्धान्त
2) गीता का विश्वव्यापी प्रभाव

3) कविता
4) ध्यान योग के संदर्भ में (Medication with Brahma)
5) योग अभ्यास
6) योग की चार अवस्थायें – कर्मयोग, भक्तियोग, ज्ञानयोग एवं क्रियायोग

अध्याय – 4 (चार)

भगवत ज्ञान

1) अधिभूत
2) ब्रह्म
3) अध्यात्म
4) कर्म
5) विसर्ग
6) अधिभूत
7) अधिदैवंत
8) अधियज्ञ
9) मोक्ष प्राप्ति क्रियायें
10) काल क्रियायें के संदर्भ
11) दैशक मुनी की कथा

अध्याय – 5 (पाँच)

गुद्य ज्ञान

1) आत्म विद्या
2) आसुरी या दैवीय शक्तियाँ

3) दैवीय प्रकृति
4) महात्मा
5) श्री श्रीवावारी की कथा
6) भारतीय जीवन बीमा निगम का प्रतीक गीता
7) चित्रकूट की कथा

अध्याय – 6 भगवान कृष्ण के दिव्य रूप

अध्याय – 7 भक्तियोग राजा सुखानन्द की कथा

अध्याय – 8

1) प्रकृति / पुरूष / चेतना में भेद
2) परमात्मा का वर्णण
3) कथा ताजबेगम

अध्याय – 9 त्रिगुणात्मक ज्ञान

1) सत्वगुण
2) रजोगुण
3) तमोगुण
4) रसखान की कथा

अध्याय – 10 पुरूषोत्तम योग

प्रेरणा – गीता से

अध्याय – 11 दैवीय और आसुरी स्वभाव

अध्याय – 12

1) उच्चश्रद्धा के विभाग
2) भोजन के संदर्भ में
3) यज्ञ के संबंध में
4) तप के संबंध में
5) मन के संबंध में
6) श्रद्धा के संबंध में
7) दान के संबंध में
8) ऊँ तत सत

अध्याय – 13

1) सिद्धि के संबंध में
2) त्याग के संबंध में
3) कर्म प्रर्ति के पाँच उपाय
4) ज्ञाता के संबंध में
5) कर्म के संबंध में
6) बुद्धि और धैर्य का विवरण
7) धृति के संबंध में
8) सुख के संबंध में
9) परम सिद्धि प्राप्त करने के उपाय

अध्याय – 14 भगवत गीता का सार

प्रेरणा – गीता से

अध्याय – 15 भगवत गीता के संदर्भ में महापुरूषों का राय

अध्याय – 16 भगवत गीता के संदर्भ में पाश्चात दार्शनिक का विचार

अध्याय – 17 प्रबंध गीता

अध्याय – 18 छात्रों के लिए उपयोगी गीता

॥ -- ॥

अध्याय – 1

भागवत गीता अध्ययन के पूर्व जानने योग्य जरूरी बातें

अध्याय–01

भगवत गीता के संदर्भ में जानने योग्य बातें

- दुनिया के पहले और सबसे बड़े Motivational Speaker श्री कृष्ण थे।
- आज से लगभग 7000 (सात हजार) वर्ष पहले कुरुक्षेत्र के युद्ध भूमि में श्री कृष्ण ने ज्ञान अर्जुन को दिए थे।
- दिन रविवार तिथि एकादशी थी। गीता महाभारत के भीष्म पर्व के एक अध्याय का हिस्सा है।
- उसका दूसरा नाम गीतोपनिषद है।
- इसके रचयिता वेदव्यास नामक संस्कृत के मुनि व लेखक हैं।
- इसमें कुल 700 श्लोक, लय व छंद में है। जिसमें श्री कृष्ण के वाणी से 574, अर्जुन के वाणी से 85, संजय के वाणी से 40 एवं एक धृतराष्ट्र के वाणी से है।
- इस ग्रंथ में कुल 4 पात्र हैं। यह संवादमूलक ग्रंथ है।
- गीता के गिनती सनातन धर्म ग्रंथों में उपनिषद में होती है।
- यह ग्रंथ 18 अध्यायों में विभक्त है। मनीषियों द्वारा उसे तीन भागों में बांटा गया है।

  प्रथम छः अध्याय – कर्मयोग

  द्वितीय छः अध्याय – ज्ञानयोग

  तृतीय छः अध्याय – भक्तियोग्य
- महाभारत युद्ध शुरू होने के पूर्व रणभूमि में श्रीकृष्ण ने 45 मिनट में पूरा गीता ज्ञान अर्जुन को सुनाया था।

प्रेरणा - गीता से

- अध्याय 7 से 12 को गीता का 'रत्न ज्ञान' या 'गीता का सार' माना गया है।
- अध्याय 10 के श्लोक 8 से 11 तक गुह्यज्ञान बतलाया जाता है।
- भागवत गीता का ज्ञान स्वयं भगवान श्रीकृष्ण के मुखारविंद से शब्द के रूप में निकलने वाले अमृत ज्ञान हैं।
- भागवत गीता में श्री कृष्ण स्वयं को भगवान मानकर उपदेश देते हैं।
- उन्होंने अर्जुन को शिष्य व सखा रूप मानकर उपदेश दिए हैं।
- उन्होंने अर्जुन को दिव्य दृष्टि प्रदान किया है।
- उन्होंने अर्जुन का अपना विराट रूप (भगवान) दिखलाया है।
- इस विराट रूप को अर्जुन के अतिरिक्त संजय ने भी दर्शन किया है।
- संजय राजा धृतराष्ट्र का सेवक था जिसे वेदव्यास द्वारा दिव्य दृष्टि और कौशलता प्रदान की गई थी। जिससे वह युद्ध का हाल-चाल से धृतराष्ट्र को आंखों देखी हाल Commentator के रूप में सुनाया करता था।
- संपूर्ण भागवत गीता में लेखक वेदव्यास ने श्री कृष्ण को 'भगवान' कह कर संबोधित किया है।
- श्री कृष्ण को भगवान श्री विष्णु का आठवां अवतार माना गया है

श्री कृष्ण ने अर्जुन को गीता क्यों सुनाई ?

- कर्तव्य से भटके हुए अर्जुन को कर्तव्य सिखाने के लिए और आने वाली पीढ़ियों को धर्म ज्ञान सिखाने के लिए गीता ज्ञान सुनाई गई।

- भगवान वचन से व्याख्या करते हैं कि उन मार्गों पर चलने से व्यक्ति निश्चित ही परम पद का अधिकारी बन जाता है।
- अर्जुन से पहले भगवान ने गीता सूर्य देव को सुनाई थी और सूर्यदेव ने अर्जुन पुत्र वैवस्वतमनु को सुनाया था।
- पूर्व में यह श्रुति ज्ञान था और पूर्व गुरु परंपरा में एक दूसरे को सुनाया जाता था।
- कालांतर में यह परंपरा क्षीण हो गया और यह ज्ञान विलुप्त हो गया।
- इस ग्रंथ में ज्ञान, भक्ति, कर्म और धर्म के मार्गों की व्याख्या की गई है।
- बताए गए मार्ग पर चलने से मनुष्य सफल जीवन जीकर मृत्यु पश्चात् मोक्ष प्राप्त करता है।
- यह ग्रंथ मानव मात्र के लिए ज्ञान का भंडार है।
- संस्कृत के कठिन शब्दों से बना स्लोक ज्ञान का अद्भुत खजाना है। इसके मात्र कुछ श्लोक पढ़कर व्यक्ति एक सफल वक्ता और लोगों का प्रेरणास्रोत बन सकता है।
- भागवत गीता एक ऐसा शास्त्र है जिसे लोग कल्याण का प्रतिपादक कहा जा सकता है।
- गीता युद्ध का भी शास्त्र है।
- मानवीव मनोवृतियों में उपनिषदों का निचोड़ भी है।
- भगवत गीता में कहा गया है कि मनुष्य जन्म परमात्मा की प्राप्ति के लिए ही मिला है।
- भगवत गीता में भगवत का अर्थ भगवान बतलाया गया है।
- किन्ही दो मनुष्यों की परिस्थितियों में समान नहीं रहती है।
- भगवत प्राप्ति के लिए शरणागत पद्धति बतलाई गई है।

प्रेरणा – गीता से

- गीता कहती है कि तर्क जाल में मत पड़ो दैवीय संपदा और भक्तों के गुणों का अर्जन करो।
- मन, वाणी, शरीर से भगवान के प्रति समर्पण का भाव रखो।
- गीता में भगवान कहते हैं – दर्शनों की मोमांसा या पुस्तकें पढ़ने तर्क युक्तियों की प्रबलता से अभिमान व राग द्वेष बढ़ता है। इसलिए तुम मेरी शरण में आओ। अध्याय 3/35 में कहते हैं – श्रेया स्वधर्मो।
- गीता के 18वें अध्याय में श्री कृष्ण कहते हैं मुझ में मन लगाओ, मेरा भक्त बन जाओ, मेरी पूजा करो, मुझे नमस्कार करो।
- गीता को योग शास्त्र की संज्ञा दी जाती है क्योंकि भागवत गीता में योग शब्द का बहुत उल्लेख है। यहाँ योग का अर्थ है मिलन जो जीवात्मा और परमात्मा के मिलन रूपी योग के प्रतीक रूप में वर्णन किया गया है।
- गीता प्रतीक रूप में ग्रंथ है और मनोवैज्ञानिक प्रड़ाव है।
- इसमें समर्थ गुरु श्री कृष्ण और सरल हृदय साधक अर्जुन है।
- गीता सास्वत मनोविज्ञान है परम मनोविज्ञान है।
- चार वेदों के अलावे गीता पंचम वेद है।
- भागवत गीता नारायण के अंग है गीता का स्पर्श कर हम नारायण की सौगंध ले रहे होते हैं।

एक बार देवी लक्ष्मी जी को नारायण ने गीता के बारे में स्वयं बतलाए की गीता के आरंभ के पाँच अध्याय मेरा मुख है, गीता के छठे से 15वें अध्याय मेरी 10 भुजाएं हैं 16वां अध्याय मेरा उधर है जहां से सुधा शांति मिलती है, अंतिम 2 अध्याय मेरे चरण कमल

प्रेरणा – गीता से

हैं। जो गीता के एक भी अध्याय का अथवा एक श्लोक का प्रतिदिन पाठ करता है वह सुशर्मा की तरह भवसागर प्राप्त करता है।

नारायण ने लक्ष्मी जी को एक किस्सा सुनाई जो गीता के महत्तम को बताती है।

दक्षिण देश में एक पूर्ण नाम का नगर था जहां देव सुशर्मा नामक धनवान व्यक्ति निवास करता था। वह बहुत धर्मांध था। साधु संतों का सेवा निरंतर करता था। एक समय एक बाल नामक ब्रह्मचारी आया और उससे विनय किया – संत जी कृपया कर मुझे नारायण वाणी का ज्ञान उपदेश दें। ब्रह्मचारी ने कहा मैं तुझे गीताजी का पाठ सुनाता हूँ। जिससे तेरा इच्छा पूर्ण होगी और कल्याण होगा। तेरी मुक्ति होगी। संत ने आगे कहा – एक आयाली नामक व्यक्ति वन में बकरियां चराता था और भजन गाता था। एक दिन वन से चलने में रात हो गई। बकरी आगे-आगे चल रही थी। रास्ते में एक शेर बैठा मिला जो बकरी देखते ही भाग खड़ा हुआ। बकरी चरवाहा आयाली से मेरी मुलाकात हुई तो उसने मुझसे कहा – तुम त्रिकालज्ञ हो, मुझे शेर भागने का कारण बताओ। मैंने ध्यान लगाया और बताया कि यह बकरी पिछले जन्म में डायन थी। उसने कई लोग को खा लिया था। उसने एक पक्षीहारा फंदक नामक युवक भी था। वह फंदक ही शेर में जन्म लिया और डायन वापस बकरी बनी। शेर का पिछला जन्म याद था इससे वह भाग गया। आयाली ने पूछा – अच्छा बताओ मैं पिछले जन्म में कौन था ? संत ने कहा – तू पिछले जन्म में चांडाल था। तब संत ने उपाय स्वरूप गीता वचन सुनाया और सभी को मुक्ति मिली। नारायण ने लक्ष्मी से कहा जो गीता पाठ सुनता है उसे पिछले जन्म के पापों से मुक्ति मिलती है।

भागवत गीता के 18वें अध्याय के 71वें श्लोक में भगवान श्री कृ ष्ण कहते हैं –

श्रद्धावाननसूचश्च श्रृणुयादपि यो नरः।
सेर्गय मुक्तः शुभाल्लोकान्प्राप्नुयात्पुण्य कर्मणाम।।

जो मनुष्य श्रद्धायुक्त और दोष्दृष्टि से रहित होकर इस गीता शास्त्र का श्रवण भी करेगा वह पापों से मुक्त उत्तम कर्म करने वालों के श्रेष्ठ लोकों को प्राप्त होगा।

Free from Malia, be too liberated from sin, shall reach like propitious wards of the riotous.

भगवान किसे कहते है ?

Who is called God?

पराषर मुणि जिसे महर्षि वेदव्यास के पिता माना जाता है। भगवान के बारे में लिखे हैं। सम्पूर्ण शक्ति, सम्पूर्ण यश, सम्पूर्ण धन, सम्पूर्ण ज्ञान, सम्पूर्ण सौदर्य और सम्पूर्ण त्याग लिसमें है, वही भगवान है।

ब्रह्मसंहिता और मार्कन्डेय ऋषि कहते हैं भगवान श्रीकृष्ण ही परमेश्वर है क्योंकि उपरोक्त छः गुण उनमें विद्यमान है। हमारे ग्रंथ में लिखा है –

कृष्णाय वासुदेवाय हरये परमात्मने।

प्रण्तक्लेशनाशाय गोविन्दाय नमो नमः।।

सनातन धर्मो के अधिष्ठाता त्रिदेव भी इतने गुणों से परिपूर्ण नहीं है जितने श्रीकृष्ण भगवान के पास गुण था। ऐसा माना जाता है कि श्रीकृष्ण भगवान 16 तत्वों से निर्मित छः विभुतियों से परिपूर्ण थे।

श्रीकृष्ण अपने को भगवान बताते हैं और प्रकट रूप से दिखाते भी हैं। आधुनिक युग में स्विटजरलैंड और अमेरिका के वैज्ञानिक अनुसंधान में God Particle की खोज नामक शोधपत्र जारी किया है। ईश्वरीय कण जिसे हिग्स वोसोन कण कहते है। लार्ज हेड्रोन कोलाइडर नामक परियोजना उस दिशा में कार्य कर रहीं है। परन्तु अन्ततोगत्वा वेद के सिद्धांतों को ही उन लोगों ने माना है और उसपे अनुसंधान जारी रखे हुए है।

भागवत गीता में भगवान और इंसान के भेद बतलाये गये है।

गीता के अध्याय दो में ही श्रीकृष्ण भगवान बतलाये हैं कि मनुष्य का यह शरीर वद्ध शरीर है जिसके अन्दर एक आत्मा रहती है। शरीर और आत्मा दो भिन्न भिन्न चीज है।

शरीर पंचतत्वों से निर्मित है – वायु, आकाश, जल, पृथ्वी व अग्नि और आत्मा, अचेतन, सास्वत और अमर है। आत्मा कभी मरती नहीं है सिर्फ एक वक्त बीतने के पश्चात दूसरे शरीर में प्रवेश करती है। आत्मा का संबंध परमात्मा से है और उन्हीं का अवयव रूप या अंश है, जबकि धर्म शास्त्र के मीमांषा में मतैवय है। दर्शनशास्त्र के अंतर्गत द्वैतवाद और अद्वैतवाद। अद्वैतवादी मानते हैं कि आत्मा, परमात्मा और माया एक हैं। ये सब कभी नष्ट नहीं होते। जबकि द्वैतवाद मीमांसा में आत्मा और परमात्मा को अलग–अलग मानते हैं। भागवत गीता अपने आप में द्वैतवाद मौमांसा से है।

गीता अनुसार असत यानी भौतिक शरीर चिरस्थाई नहीं है। किंतु सत आत्मा में परिवर्तन नहीं होता है। शरीर पदार्थ है आत्मा सारस्वत है।

31 तत्वों का वर्णन किया गया है –

- पांच स्थल तत्व – पृथ्वी, जल, अग्नि, हवा और आकाश।
- पांच सूक्ष्म तत्व – रूप, रस, गंध, स्पर्श और शब्द।
- तीन अन्य तत्व – अहंकार, बुद्धि और प्रकृति।
- दस ज्ञानेंद्रियँ – हाथ, पैर, मुंह, गुदा और लिंग से 5 ज्ञानेंद्रियां आंख, कान, नाक, जीह्वा और त्वचा।
- स्थूल देह से चित – मन, चैतन्य और संघात।
- धृति, धारण करने की शक्ति।

- धृतिक विकार – इक्षा, द्वेष, सुख और दुःख।
- परमात्मा इन 31 तत्वों से परे है।
- परमात्मा आदि अंत से रहित, अजन्मा, असीम इंद्रियों से जानने योग्य नहीं है।
- परमात्मा यथेष्ठ व सर्वव्यापक है।
- सबके नियंता और मालिक, संर्वेश्वर आधार सर्वाघात है।
- जीवात्मा परा प्रकृति के मालिक हैं चेतन व निर्गुण हैं।
- परमात्मा परा व अपरा प्रकृति से परे हैं, अनादि अनंत स्वरूप है।
- अपरम्पार शक्तियुक्त देशकाल से परे, रंग रूप से परे है।
- सगुण, निर्गुण से, शब्द से परे है।
- परमात्मा शब्दातित है।
- मंदबुद्धि सब इंद्रियां से परे है।
- परमात्मा पर सारा प्रकृतिमंडल एक महान यंत्र की भांति प्रचलित होता रहता है, जो इंद्रियों से देखने या व्यक्त होने योग्य नहीं है।
- इनका कोई मायिक विस्तार भी नहीं है।
- शरीर पदार्थ है जबकि आत्मा शास्वत है।
- आत्मा व्यष्ठि है।
- आत्मा बाल के अग्रमात्र के दस हजार हिस्से के बराबर बतलाया गया है।
- भौतिक परमाणुओं से भी छोटा।
- लघु आत्मा, स्फुलिंग भौतिक शारीर के भित्तर रहता है।
- भौतिक शरीर में चेतना के रूप में भौतिक से संयोग स्थापित करता होता है।

- मुंडक उपनिषद में भी अणु आत्मा के पांच प्रकार बताए गए हैं, जो प्राणों में तैर रहे होते हैं। प्राण, अपाण, व्यान, समान तथा उदान।
- यह हृदय के भीतर स्थित है।
- यह देहधारि जीव पूरे शरीर में करंट परवाह करता है।
- भागवत गीता में सांख्य दर्शन का उल्लेख किया गया है।
- सांख्य का अर्थ है – विस्तार से वस्तुओं का वर्णन करने वाला।
- सांख्य का अर्थ है – दिव्य चेतना से रूबरू होना।
- सांख्य उस दर्शन को कहते हैं, जो आत्मा की वास्तविक प्रवृत्ति का वर्णन करता है।
- यहाँ सांख्य के साथ योग जुड़ा है। यहां सांख्य योग का अर्थ है – इंद्रियों का निग्रह।
- अध्याय 2/25 में भगवान कहते हैं –

  अव्यक्तो यमचिन्त्योयम विकार्योद्रयमुच्यते।
- यह आत्मा अव्यक्त है, यह आत्मा अचिनत्य है और यह आत्मा विकार रहित कहा जाता है।

  The soul is unmanifest it is incomprehensible and it is spoken of as immutable.
- भगवान श्लोक संख्या 2/30 में कहते हैं –

  देही नित्यमवध्योदर्य देह सर्वस्य

  आत्मा सब के शरीर में सदा अवध्य है।

  Can never be slain.
- भगवान कपिल मुनि का सांख्य दर्शन गीता के सांख्य दर्शन से अलग है।

भगवान कपिल मुनि की उत्पत्ति की कथा

सृष्टि के निर्माण के आरंभिक काल में ब्रह्मा जी के छाया से एक प्रजापति उत्पन्न हुए – श्री कर्दम। ब्रह्मा जी ने उन्हें सृष्टि विस्तार की आज्ञा दी। उन्होंने सरस्वती नदी के तट पर हजार वर्षों तक तपस्या की। भगवान श्री विष्णु श्री हरि प्रसन्न होकर दर्शन दिए। बड़े आदर भाव से दंडवत प्रणाम किया। श्रीहरि द्वारा उन्होंने आशीर्वचन प्राप्त किया। इधर नारद जी के बताए अनुसार महामानव मनु अपनी कन्या शतरूपा के साथ अपनी कन्या देवहुती को लेकर आये और विवाह का प्रस्ताव रखा। प्रजापति कंधर्व ने शर्त रखी कि संतान होने पश्चात मैं उन्हें छोड़कर संयास प्राप्त कर जाएंगे। दोनों की शादी संपन्न कराकर मनु शतरूपा सस्थान लौट गए। इसके पश्चात कंदर्भ जी अपने तपोबल से स्वयं दिव्य स्वरूप धारण कर देवहूति को लेकर योग प्रभाव से निर्मित दिव्य विमान पर विराजमान होकर वर्षों तक बिहार किया। कुछ दिन के बाद देवहुती को नौ कन्या उत्पन्न हुई। फिर पुत्र की कामना की तो भगवान के अंसावत अवतार में कपिल प्रकट हुए। मुनि कपिल के नौ बहने कर्मशः – कला से मरीचि, अनसूया से अग्नि, श्रद्धा से अमिरा, हविर्भू से पुलत्सय, गति से पुलह, क्रिया से कृतु, ख्याति से भृगु, और अरून्धती से वासिष्ठ, शांति से अथर्वा, ऋद्धि से ब्याही गईं। कंदर्भ जी वन को चले गए और ध्यान मग्न परम पद प्राप्त कर लिया। भगवान श्री कपिल देव जी ने माता देवहूति को तत्व ज्ञान का उपदेश दिया। गंगा सागर संगम पर जाकर भजन में प्रवृत्त हो गए। राजा सागर के सात हजार पुत्र भागवत अपराजरूप पाप से भस्म हो गए थे। उनकी कृपा से गंगाजी धरातल पर आए और सागर के सभी पुत्रों का उद्धार हुआ। उन्होंने भृषियों को सांख्य शास्त्र का उपदेश दिया। यह आचार्य थे और जीवन प्रयत्न मानवता के उद्धार में लगे रहे।

इन्द्रियतृप्ति (Sense gratification)

बुद्धि और कर्तव्य दोनों का अलग संबंध है। यह शरीर का प्रधान है। मनुष्य जो भी कर्तव्य करता है इन्द्रियतृप्ति के लिए।

भगवान द्वारा प्रकृति का दृष्टिपात किया और उसमें आणविक जीवात्माओं प्रविष्ट कर दी। यह सारे जो भौतिक जगत में इंद्रियदृष्टि के लिए कर्म करते हैं। माया के वशीभूत होकर अपने को भोक्ता मानते हैं। माया अथवा इंद्रियतृप्ति के लिए कर्म करते हैं। माया के वशीभूत होकर अपने को भोक्ता मानते हैं। माया अथवा इन्द्रियतृप्ति जन्म मोह का अंतिम पाराग्राफ है। अनेको जन्मों तक इस तरह इन्द्रियतृप्ति करते हुए (कृष्णशरण) में जाता है और उस मनुष्य की परम खोज पुरी होती है।

बुद्धियोग (Attitude of Mind)

भगवत गीता के अध्याय अध्याय 10/10 में भगवान कहते हैं–

तेषां सततयुक्तानां भजतां प्रीतिपूर्वकम।

ददामि बुद्धियोगं तं येन मामुपयान्ति ते।।

अर्थात जो भक्त निरंतर मेरे ध्यान भजन इत्यादि में Meditation with me भक्ति भाव से लगे रहते हैं उसे मैं तत्वज्ञान रूप बुद्धि योग देता हूँ Yoga of wisdom। गीता में बताया गया है कि भगवान सबके हृदय में परमात्मा रूप में विद्यमान है। परंतु उनसे संपर्क करने का जरिया है – भक्ति भाव। बुद्धि योग एक अवस्था है यह भागवत प्राप्ति का सुगम योग है। जो व्यक्ति दिव्य प्रेम बस भक्ति में निरंतर लगे रहते हैं और जिन्हें भक्ति का विशुद्ध ज्ञान प्राप्त होता है वही बुद्धि योग है भगवत गीता में योग के बारे में कहा गया है कि

Evenness of mind is called yoga.

स्थितप्रज्ञ – स्थिरबुद्धि (Stable of Mind)

उसे हिंदी में स्थिर बुद्धि कहते हैं। भागवत गीता के अनुसार यह भी एक अवस्था है एक भक्ति भाव की दशा है इस अवस्था में मनुष्य आत्म संतुष्टि का अनुभव प्राप्त करता है। भागवत गीता के 2/55 में भगवान कहते हैं –

प्रजहाति यदा कामा–सर्वान्यार्थ मनोयतान

आत्म न्येवात्मना तुष्टः स्थित प्रज्ञस्तहोत्पर्तें।।

When our thoroughly casts off all craving of the mind and is satisfied in the self through the joy of the self, he is then called stable of mind.

गीता के अनुसार जब मनुष्य मन में बसे संपूर्ण कामनाओं, इच्छाओं का त्याग कर देता है। दुख होने पर दुखी नहीं होता, नहीं सुख से उत्तेजित होता है। जिसके राग भय, क्रोध नष्ट हो गए हो ऐसे व्यक्ति या मुनि स्थिर बुद्धि कहलाता है। वह व्यक्ति हमेशा स्नेह रहित होकर शुभ–अशुभ से हरकत नहीं करता। ना ही राग द्वेष करता है। जैसे कछुआ सब ओर से अपने अंगों को समेट लेता है उसी तरह बुद्धि स्थिर पुरुष इन्द्रिय विषयों से अपनी इंद्रियों को हटा लेता है। इस प्रकार इंद्रीय विषय को आत्मसात न करने वाले पुरुष स्त्री विषय से निवृत हो जाते वरन आशक्ति का नाश न होने पर प्रमथन स्वभाववाली (Turbulent by nature) इंद्रियों मनुष्य की बुद्धि को तत्काल हरण कर लेती है।

जो साधक संपूर्ण इंद्रियों को वश में करके भगवान के ध्यान में बैठेगा भगवान कहते हैं कि –

Controlled all the sensed and concentrating his mind should sit for meditation, devoting himself heart and soul to me he whose sense are under his control. Is known to have a stable wind 2/61.

समबुद्धि (Yoga of equanimity)

भगवत गीता के अध्याय 2 में श्लोक संख्या 48 से 53 तक समबुद्धि का उल्लेख आया है। भगवान समबुद्धि योग का विधिवत लाते हुए कहते हैं – जो साधक या पुरुष आशक्ति को त्याग कर सिद्धि (Success) और असिद्धि (Failure) में समान बुद्धि वाला होकर पुण्य और पाप दोनों को इसी लोक में त्याग कर देता है अर्थात उस से मुक्त होकर समत्वयोग कर्म बंधन से छूटने का ज्ञात है। समबुद्धि मनुष्य कर्मो से उत्पन्न होने वाले फल को त्याग कर जन्म रूपी बंधन से मुक्त होकर निर्बिकार परमपद प्राप्त करता है। अतः विचलित हुए मन व बुद्धि परमात्मा में अचल अवक्त और स्थिर हो जाएगी तब योग को प्राप्त होगा। यहाँ योग का मतलब गीता के 2/51 में वर्णन है

कर्मजं बुद्धियुक्ता हि फलं व्यक्तवा मनीषिणः।

जन्मबन्धविनिर्मुक्ता पदं गच्छन्त्यनामयम।।

इन्द्रियों को वश में करने के तरीके

(Sit for medication)

ध्यान में बैठकर भगवान को ध्यान लगाने से इंद्रियाँ वशीभूत हो जाती है। भागवत गीता के अध्याय 2/53 में वर्णन है

श्रुतिविप्रतिपन्ना ते यदा स्थस्यति निश्चला।

समाधावचला बुद्धिस्तदा योगमवारस्यसि।।

भांति भांति वचनों को सुनने से विचलित हुए तरी बुद्धि जब परमात्मा में अचल और स्थिर ठहर जाएगी तब तू योग को प्राप्त हो जाएगा अर्थात तेरा परमात्मा से नित्य संयोग हो जायेगा।

....

क्रोध (Ensues anger)

भागवत गीता के अध्याय 2 के श्लोक संख्या 62 से 71 तक क्रोध होने के कारण और निवारण का उपाय बताया गया है। भगवत गीता के 2/62 में बताया गया है कि विषयों के चिंतन करने से शक्ति बढ़ जाती है। आशक्ति के उन विषयों की कामना उत्पन्न होती है और कामना में विघ्न पड़ने से क्रोध उत्पन्न होता है। क्रोध से उत्पन्न मूडभाव (Delusion) उत्पन्न होता है जिससे स्मृति में भ्रम उत्पन्न हो जाती है। स्मृति में भ्रम हो जाने से बुद्धि और ज्ञान शक्ति का नाश हो जाता है। मनुष्य अपनी स्थिति से गिर जाता है।

निदान पर प्रकाश पूर्वक वर्णन है कि परन्तु इन्द्रियों को वश में करने वाला अंतःकरण साधक प्रसन्नता को प्राप्त होता है। अन्तःकरण की प्रसन्नता होने पर सम्पूर्ण दुखों का नाश हो जाता है और ध्यान सब ओर से हटकर परमात्मा में भली–भांति स्थिर हो जाता है। परंतु मन और इंद्रियों को जो नहीं जीत सकता उसके अंतःकरण में प्रसंता के भावना नहीं रहती और उसे शांति नहीं मिलती है।

उदाहरण देकर समझाया गया है कि जैसे जल में चलने वाले नाव को वायु हर लेती है वैसे ही विषयों में विरक्त इंद्रियों से मनुष्य की बुद्धि हर लेती है। स्थितप्रज्ञ का कलयुग का उदाहरण है

सदन कसाई की कथा

कलिकाल में ही सदन कसाई नामक व्यक्ति अपना धंधा में रहते हुए श्री हरि के चरणों में रहता था। मांस तौलते बेचते श्री हरि हरि करते रहते।

एक दिन साधु सदन के मांस दुकान के सामने से गुजर रहा था कि उनकी दृष्टि एक चमकीले पत्थर पर पड़ी जिसे वह तराजू का

बाट बनाया था। साधु पहचान गया कि शालिग्राम पत्थर है। उससे मांग लिया और अपने कुटिया में विधि विधान से स्थापित कर दिया। रात में साधु को स्वप्न हुआ कि तुम मुझे यहाँ क्यों लाए मुझे भक्तों के घर में सुख मिलता था। उन्होंने शालिग्राम वापस कर आया। सदन को जब मालूम हुआ तो उसका मन वितृष्णा से भर उठा और पश्चाताप करने शालिग्राम लेकर पुरुषोत्तम क्षेत्र श्री जगन्नाथ पुरी की ओर चल पड़ा। रात्रि समय एक गृहस्थ घर ठहर गए जहां गृहस्थ की पत्नी अर्ध रात्रि में उससे सहवास को आतुर हो उठी। परंतु भक्त ने हाथ जोड़ मना कर दिया। कामुक स्त्री ने तलवार निकाल पति का सिर धड़ से अलग कर दिया। फिर भी सदन उन्मुक्त नहीं हुआ तो घर के बाहर जाकर रोने लगी और गांव वालों को बताई की उसने (सदन ने) पति की हत्या कर दी और मेरे साथ दुष्कर्म का प्रयास किया। पुलिस सदन को गिरफ्तार कर ले गए और मजिस्ट्रेट के आदेश पर दोनों हाथ काट लिया। रुधिर धारा चलने लगी उसने विरोध नहीं किया बल्कि प्रभु की कृपा ही माना। इससे उसके मन में भगवान के प्रति कभी रोष उत्पन्न नहीं था। भगवान नाम का कीर्तन करते हुए सदन जगन्नाथपुरी चल पड़े। उधर पूरी के पुजारी को भगवान ने स्वप्न दिया कि मेरा भक्त सदन मेरे पास आ रहा है। उसके हाथ कट गए हैं पालकी में बैठाकर आदर पूर्वक पुजारी उसे लेकर जैसे ही श्री जगन्नाथ पुरी की कीर्तन के लिए भुजाएं उठाइ दोनों हाथ पूर्ववत ठीक हो गए।

स्दन ने भगवान की असीम कृपा प्राप्त किया। कीर्तन भजन करते हुए बहुत समय तक वही निवास किया और अंत में श्री जगन्नाथ जी के चरणों में ही देह त्याग कर परमधाम पधार गए।

प्रेरणा – गीता से

आत्म साक्षात्कार

भगवत गीता के अध्याय 15/15 में भगवान कहते हैं –

सर्वस्य चाहं हृदि सन्निविष्टो मत्तः स्मृति र्ज्ञानमपोहनं च।

वेदैश्च सर्वैरहमेव वेद्यो वेदान्त कृद्वेदविदेव चाहम्।।

अर्थात मैं ही सब प्राणियों में हृदय में अंतर्यामी रूप से स्थित हूँ तथा मुझ से ही स्मृति ज्ञान और चिंतन मनन होता है और सब वेदों द्वारा मैं ही जानने योग्य हूँ वेदांत का कर्ता और वेदों को जानने वाला भी मैं ही हूँ। अर्थात भगवान सर्वव्यापी हैं सबके हृदय में अंतर्यामी परमात्मा के रूप में विद्यमान हैं। जीव ज्योंहि अपने शरीर को छोड़ता है सब कुछ भूल जाता है। जीव भूल जाता है और परमात्मा पूर्व जन्म के अपूर्ण कार्यों को फिर से करवाने लगते हैं।

૭ॐ૭ -- ૭ॐ૭

अध्याय – 2
कर्मयोग का विवरण

अध्याय–02

कर्मयोग का विवरण

- गीता कर्मयोगी बनने की प्रेरणा देती है।
- चार तरह के योग का विवेचन करती है – सांख्य योग, ज्ञान योग, कर्म योग और भक्ति योग।
- अध्याय 3 में कर्म योग की व्याख्या भगवान ने विस्तृत किया है।
- किसी भी काल में क्षण मात्र की कार्य भाव बिना कर्म किए नहीं रह सकता।
- प्रकृतिजनित गुणों द्वारा परमश कर्म करने के लिए सभी बाध्य हैं।
- जो समस्त इंद्रियों को हट पूर्वक ऊपर से रोककर मन से इंद्रियों के विषय में चिंतन करता है वह मिथ्या चारी अथवा दम्भी (Hypocrite) कहलाता है।
- जो मनुष्य मन से इंद्रियों को वश में करके अनासक्त भाव से समस्त इंद्रियों द्वारा कर्म योग का आचरण करता है वह श्रेष्ठ है।
- वेद वाडमय में वर्णित यज्ञ के अनुरूप भागवत गीता में भी यज्ञ कर्म को उत्कृष्ट कर्म बतलाया गया है।
- प्रजापति ब्रह्मा द्वारा यज्ञ के द्वारा बुद्धि प्राप्ति और सुख की प्राप्ति हेतु कर्म करने की बात वेदों में कही है।
- वेद अनुसार सर्वसाधारण यज्ञ द्वारा देवताओं को उन्नत करते हैं देवता सर्वसाधारण को उन्नत करते हैं।

- अन्न का अंश सर्वप्रथम देवताओं को समर्पित करना चाहिए वरना उसे चोर कहा जाएगा
- मनुष्य को हमेशा अशक्ति से रहित कर्तव्य कर्म करते रहना चाहिए उससे परम शक्ति प्राप्त होती है।
- राजा जनक ज्ञानीजन भी आसवितरहित कर्म द्वारा ही परम सिद्धि प्राप्त हुए थे। इसलिए लोक संग्रह (World order) के लिए कर्म करते रहना चाहिए।
- श्रेष्ठ पुरुष जो आचरण करता है पुरुष भी वैसा ही आचरण करते हैं जो प्रमाण देते हैं अन्य लोग भी उसी के अनुसार बरतने लगते हैं।
- ज्ञानी पुरुष को चाहिए कि वह शास्त्र विहित कर्मों में आसक्ति वाले अज्ञानियों की बुद्धि में भ्रम अर्थात कर्मों में अश्रद्धा ना करें अपने भी करें और अधीनस्थ से करावे।
- आज के राजनीतिक और प्रशासनिक अधिकारियों के लिए यह उपदेश बड़ा प्रसंगीक है। आचरण की शुद्धता रखें तथा अधिनस्थ को प्रेरित करें। उनके विश्वास रखने वाले जनता का भी वैसे कर्म करावे जैसे श्री कृष्ण भगवान गीता के अध्याय 3/26 में बताते हैं।

न बुद्धिभेदं जनयेदज्ञानां कर्मसदिनाम।

जोषयेत्सर्वकर्मीणि विद्धान्युक्त समाचरना।।

- गीता उपदेश देती है कि संपूर्ण कर्म प्रकृति के गुणों के अनुसार करने चाहिए।

- भगवान कहते हैं मैं कर्ता हूँ। (I am the doer)

श्रयान्स्वधर्मो विगुणः परधर्मात्स्वनुष्ठितात्।

स्वधर्मे निधनं श्रेयः परधर्मो भयावहः।।

- अच्छी प्रकार आचरण में लाए हुए दूसरे धर्म में गुन रहित भी अपना धर्म अति उत्तम है। अपने धर्म में तो मरना भी कल्पाणकारक है और दूसरे का धर्म भय को देने वाला है। (Fraught with fear).
- यह श्लोक वर्तमान भारत में शत–प्रतिशत सही व सटीक है जो भी भारतवासी सनातन धर्म छोड़कर दूसरे धर्म अपनाते हैं वहां भय का वातावरण में जीना पड़ता है। इस्लाम में उन्हें पसमंदा मोजाहिदीन या हिंदू मुसलमान कहकर पुकारा जाता है तथा तृतीय श्रेणी चतुर्थ श्रेणी का नागरिक समझा जाता है। इसलिए उन सभी धर्मों के उदय के हजारों वर्ष पूर्व श्री कृष्ण जी ने अध्याय 3/35 का ज्ञान उधेड़ दिया है।

लोग पाप क्यों करते हैं ?

अर्जुन में प्रश्न के उत्तर में भगवान कहते हैं कि –

अध्याय 3/37

क्रोध तमोगुण नाकारात्मक तत्व गुणों का प्राकट्य रूप है तथा काम क्रोध लोभ मोह में फंसे रहने वाला बध जीवन जो अत्यधिक भोग विलास में लिप्त रहता है तथा जिसमें ज्ञान की अथवा अध्यात्म ज्ञान का सर्वथा अभाव रहता है। उदाहरण स्वरूप धुएं में अग्नि, मैल से दर्पण, गर्भ में शिशु ढका रहता है वैसे ही जीवात्मा क्रोध, मोह और काम लोभ से ढका रहता है। इंद्रियाँ मन और बुद्धि को बस में कर लेती है। भगवान कहते हैं कि जो पाप कर्म से बचना चाहता है पहले इंद्रियों को वश में करें। ग्यान और विज्ञान को नाश करने वाला पापी काम को मार डालो।

- ज्ञान को विज्ञान से जोड़कर उद्धृत किया गया है।
- ज्ञान बढ़ता है तो विज्ञान बनता है।
- इंद्रियों को स्थूल शरीर से यानी श्रेष्ठ बलवान सुक्ष्म कहते हैं।
- इंद्रियों से परे मन, मन से परे बुद्धि और बुद्धि से परे आत्मा है।
- बुद्धि से भी सूक्ष्म, बलवान और अत्यंत श्रेष्ठ आत्मा को जानकर बुद्धि द्वारा मन को वश में करके पाप से किनारा करें।

ॐ -- ॐ

अध्याय – 3
पूर्णजन्म का सिद्धांत

(Rebirth Theory)

प्रेरणा – गीता से

अध्याय-03
पुनर्जन्म का सिद्धांत

भागवतगीता बहूनि में त्यतोतानि जन्मानि तव चार्जुन।

तान्यहं वेद सर्वाणि न त्वं वोथ परन्तप ।। 4/5

अर्थात भगवान अर्जुन से कहते हैं – मेरे और तेरे बहुत से जन्म हो चुके हैं, उन सबको तू नहीं जानता, है किंतु मैं जानता हूँ। अगले श्लोक में भगवान कहते हैं कि समस्त प्राणियों के ईश्वर होते हुए अपनी प्रकृति को अधीन करके अपनी योग मात्र (devine potency) से प्रकट होता हूँ।

गीता का विश्वव्यापी प्रभाव

(Global Impact Through Geeta)

- 326BC में जब यूनानी सम्राट सिकंदर महान भारत विजय के लिए निकला तो उसके गुरु अरस्तु ने कहा हे राजन जब तुम जाना हिंद विजय महान। मेरे लिए सात चीजें लाना – गाय, तुलसी, गंगाजल, रामायण, पंडित, गीता का ज्ञान।

- ऐसा ही ज्ञान ग्रीक कवि होमर की कवितावलीमें, इलियट के काव्य इत्यादि रचनाओं से आभार मिलता है।

- सन 1785 में गवर्नर वारेन हेस्टिंग्स के समय भागवत गीता का अंग्रेजी अनुवाद चार्ल्स विलकिंस ने किया।

- सर विलियम जोंस ने भारत विद्या की खोज से इसको आगे बढ़ाया। जब वैदिक संस्कृति लौकिक संस्कृति, पुरातन विचारधारा से दुनिया को अवगत कराया।
- पूरी दुनिया में ज्ञान का नया पिटारा मानो जागृत हो गया।
- विचारक पुनर्जन्म, कर्म का सिद्धांत, जगत की सत्ता, आत्मतत्व की अमरता, दुर्बोध मन, बुद्धि की समझ से उदभाषित हुए। अवतारवाद का सिद्धांत सर्वप्रथम गीता के अनुवाद के बाद पश्चिम के लोगों ने जाना।
- ईसाई और इस्लामिक धर्म ग्रंथों में पूर्णजन्म व अवतारवाद का कोई सिद्धांत नहीं मिलता है।
- पूरी दुनियाँ गीता ग्रंथ की कायल हो चुकी थी। दस वर्ष के अंतर्गत में 34 भाषाओं में अनुवाद हो चुका था।
- अल फतेह कमोडो नामक व्यक्ति ने भगवत गीता अरबी अनुवाद किया। वह फिलिस्तनी था, बाद में जर्मनी जाकर इस्कान में हिंदू धर्म की दिक्षा ग्रहण किया।
- भागवत गीता का उर्दू में मोहम्मद महरुल्लाह ने अनुवाद किया। बाद में हिंदू बन गया।
- अंग्रेजी अनुवाद चार्ल्स विलकिंस भी हिंदू धर्म अपना लिया था और उसने लिखा कि दुनिया में केवल हिंदुत्व ही बचेगा।
- बेजासिसन-ए-फिनाइल नामक इजराइली व्यक्ति ने हिंब्रू भाषा में अनुवाद किया बाद में भारत आकर हिंदू धर्म अपना लिया।
- रूसी भाषा में नोविकोव नामक व्यक्ति ने अनुवाद किया और कृष्ण भक्त बन गया।
- बाद में 58 लेखकों ने बंगला में अनुवाद किया।
- 44 लेखकों ने अंग्रेजी अनुवाद किया।

प्रेरणा – गीता से

- 12 जर्मन लेखकों ने अनुवाद किया।
- 04 रुसी लेखको ने अनुवाद किया।
- 04 फ्रेन्च लेखकों ने अनुवाद किया।
- 13 स्पेनिश लेखकों ने अनुवाद किया।
- 05 अरबी लेखकों ने अनुवाद किया।
- 03 उर्दू और अन्य कई भाषाओं में भागवत गीता का अपने-अपने भाषाओं में अनुवाद किया और अधिकांशतः हिंदू मतावलम्बी हो गए।
- एक अपुष्ट आंकड़ों के अनुसार 283 भाषाओं में बुद्धिजीवियों ने भगवत गीता को अपने-अपने भाषाओं में अनुवाद किया है।
- डॉ. थामस एच० हापकिन्स, अध्यक्ष धार्मिक अध्ययन विभाग फ्रेंकलीन ने माना है कि गीता भक्ति के विषय में प्राप्त समस्त ग्रंथों में सर्वश्रेष्ठ ग्रंथ है।
- इसी प्रकार का विचार थामस मर्दन लेट कैथीलिक धियोलाजियन मक लेखक – दक्षिणी कैलिफोर्निया विश्वविद्यालय के प्रोफेसर डॉ. गेड्डीज मैकग्रेगर ने भी माना है कि पाश्चात्य जगत में भगवत गीता जितना उद्धरित होता है उतना कोई अन्य ग्रंथ नहीं।
- आधुनिक युग में दो ऐसे महापुरुष हुए जिनके प्रयासों से श्री कृष्ण और उनके वचन भागवत गीता देश-विदेश में प्रसिद्ध हुए।
- पश्चिम बंगाल के नदिया नवद्वीप के मायापुर नामक गांव में 1486ई. चैतन्य महाप्रभु का जन्म हुआ उन्होंने कृष्ण भक्ति का नया आयाम प्रस्तुत किया। हरिनाम संकीर्तन "हरे राम हरे कृष्णा" और "हरि बोल" शब्दों से भक्ति काल को गुंजयमान कर दिया

प्रेरणा – गीता से

- इन्हीं के परंपरागत शिष्य श्री शील प्रभूपात हुए जिन्होंने 1966 में न्यूयार्क, अमरीका में इस्कॉन नामक संस्था की नींव डाली। आज दुनिया भर में 850 से ज्यादा इस संस्था इस्कॉन के मंदिर हैं। करोड़ों विदेसी अनुयायी हैं। 150 से ज्यादा गुरुकुल रेस्टोरेंट्स स्कूल संचालित है। कृष्ण भक्ति **हरे राम हरे कृष्णा** और भागवत गीता ही इनके दर्शन में व्याप्त है।

कविता

एक बात मन बुद्धि से पुछ रही है–

अमरीका इतना कुशाग्र बुद्धिमान कैसे हुआ ?

कुटनीति व समग्र नीति का खिलाड़ी कैसे हुआ ?

वाणिज्य व्यवसाय का बादशाह कैसे हुआ ?

तकनीकी अनुसंधान का सिरमौर कैसे हुआ ?

सुपरमैन और सुपर पावर कैसे हुआ ?

ऐश्वर्य से आकर्षित श्री कृष्ण अपने प्रिय भक्त आचार्य प्रभूपाद के साथ योगमाया शक्ति से 1966 में इस्कॉन के बहाने न्यूयार्क सिटि में स्थापित हुए।

प्रभु अब तो संसार भर में लीला करने लगे।

अमरीकियों के बहाने बल और पराभव का परचम लहराने लगे।

दुनियाँ का राजनीति व कुटनीति का ज्ञान सिखाने लगे।

अपनी योगमाया शक्ति से राजनिति को बताने लगे।

श्री कृष्ण अपनी प्रभुत्व दिखाने लगे।

अमरीका के बहाने विश्व को अपनी अंगुली पे नचाने लगे।

प्रेरणा – गीता से

- अमेरिका मैं इमर्शन नामक व्यक्ति एक चर्च का पादरी था। वह पादरी प्रत्येक रविवार को गीता पढ़ने लगा। जब वहां के लोगों ने पूछा भगवत गीता क्यों पढ़ते हैं? तो इमर्शन ने कहा है यह यूनिवर्सल बाइबल है। (Universal Bible)

- एक कालाईल नामक अंग्रेज दार्शनिक था। वह University Professor था। उसने जब गीता पढ़ी तो बोला – यूरोप सांस्कृतिक रूप से दिवालिया है।

- इजराइल के यहूदियों ने भी माना जीवन का सबसे बड़ी दौलत गीता है।

- पाश्चात्य दर्शन के बहुत बड़े विचारक थे – गुरु थोरो और उन्होंने माना कि मैं प्रतिदिन गीता पाठ करता हूं।

- गीता की महिमा दूसरे किसी ग्रंथ में नहीं है।

- गीता सुगीता कर्तव्या किमन्यैः शास्त्र संग्रह या स्वयं पदमनामस्य मुखमहमाद विनिः सृता।

- अंग्रेजी विषयों के कवि और लेखकों पर भागवत गीता का असर दिखने लगा। गीता के rebirth theory से प्रेरित होकर वईसवर्थ, शैली, कालरिज, कीट्स, बोयरन, वाल्टर स्कोट द्वारा पूर्नजन्म, अनुशीलन कर्म के सिद्धांत, जगत की सत्ता, आत्मतत्व की अमरता को आधार बनाकर अनेक English Poetry का अनुशीलन किया गया और उनके विचारों से Romantic Age का ईजाद हुआ।

- स्वामी विवेकानंद के विचारों से प्रभावित होकर एक जोसेफिन मेकलाउड नामक अमेरिकन कन्या भारत आकर आजीवन शिष्य बन गई। परंतु आने से पहले उसे भगवत गीता कंठस्थ याद था। भारत आकर नाम रखा भगिनी निवेदिता रखा।

- अमेरिका एक धन संपन्न राष्ट्र है। हर 45 मिनट पर एक व्यक्ति आत्महत्या कर लेता है। अभाव है – प्रेम का, स्नेह का, सदभाव का, उदारता का और सांस्कृतिक उद्‌भव का।
- आधुनिक युग के महान सनातन संत श्री कृष्ण मूर्ति स्वामी हुए उनके योग ध्यान व दर्शन से पाश्चात्य जगत के बहुत सारे लोग प्रभावित हुए।
- उनमें से कुछ चर्चित नाम थे – जार्ज बनाडशा, एल्डस हक्सले और खलील जिब्राना।
- वर्तमान समय में बहुत से अमेरिकन उद्योगपति व प्रसिद्ध लोक नायक और हॉलिवुड के सितारे शांति की खोज में हिमालय पर प्रत्येक समय आते रहते हैं।
- कुछ प्रसिद्ध नाम है एप्पल के मालिक – स्टीव जॉब्स, फेसबुक के मालिक – मार्क जुकरबर्ग, हॉलीवुड एक्टर और जूलिया राबर्टस् उपरोक्त महानुभाव उतराखण्ड के नैनीताल जिले में पंतनगर में नीम करोली बाबा स्थान के भक्त हैं और हमेशा बजरंगबली व हनुमान चालीसा जाप करते हैं। क्योंकि दिवंगत बाबा हनुमान भक्त थे।
- पूर्णजन्म अवतार सिद्धांत पर भगवान कहते हैं

यदा यदा ही धर्मस्य ग्लानिर्भवति भारत।
अभ्युत्थानम धर्मस्य तदात्मानं सृजाम्यहम्।।

अर्थात जब–जब धर्म की हानि और अधर्म की वृद्धि होती है तब तब मैं अपने रूप को रचता हूँ साकार रूप में लोगों के सम्मुख प्रकट होता हूं।

परित्राणाय साधनां विनाशाय च दुस्कृताम।
धर्मसंस्थापनार्धाय सम्यवानि युगे–युगे।।

साधु पुरुष यानि सच्चे सद्‌भाव वाले पुरुषों के उद्धार के लिए पापियों के विनाश करने तथा सत्य यानि धर्म की अच्छी तरह स्थापना करने के लिए युग युग में प्रकट हुआ करता हूं।

- भागवत गीता एक मानक ग्रंथ है जो अनंत काल से चला आ रहा है। यह 20 लाख वर्षों से विद्धमान है जब भगवान ने सूर्य से कहा था।
- श्री कृष्ण अद्वैत, अच्युत, अनादि, नित्य, नवयौवनयुक्त, आध और पुरातन है।
- अच्युत का अर्थ है भौतिक संपर्क में रहते हुए भी अपने को नहीं भुलना।
- भगवान और जीव कभी समान नहीं रह सकते हैं।
- अद्वैत का अर्थ है उनके शरीर तथा आत्मा में कोई अंतर नहीं है।
- भगवान श्री कृष्ण शाश्वत भी हैं।
- भगवान का आर्विभाव होता है।
- भगवान बताते हैं कि तत्वज्ञान क्या है?
- जो तत्वज्ञान से मुझे जान लेता है इसका पुनर्जन्म नहीं होता।
- तत्वज्ञान को जानने के पूर्व अपना राग, भय, क्रोध, नष्ट करना होता है और अनन्य प्रेम पूर्वक रहना होता है।
- हिंदू धर्म ग्रंथों के बारे में दुष्प्रचारित मत है कि 33 करोड़ देवी देवता हैं परंतु धर्म ग्रंथों को पढ़ने पर ज्ञात होता है कि संस्कृ त में कोटि के दो मायने हैं – कोटि से प्रकार और करोड़ यहां कोटि से प्रकार है।
- 33 कोटि देवता इस प्रकार हैं –

12 आदित्य (सूर्य)	–	धावा, मित, आर्यमा, शुक्र, वरूण, अंशभाग, विवास्वान, पूष, सविता, तवास्था और विष्णु
08 वासु	–	धर, ध्रुव, सोम, अह, अनिल, अनिल, अनल, प्रत्युष, प्रभाष।
11 रूद्र	–	हर, बहुरूप, त्रयंबक, अपराजिता, वृणकापि, शंभू, कपार्दी, रेवात, मृगव्याध, शर्वा और कपाली।
02 कुमार	–	अश्विनी और कुमार।

- भागवत गीता में देवता को जीवात्मा बतलाया गया है और भगवान के अधीन इनसे शक्ति प्राप्त कार्य करते हैं। देवता (Foster) के पूजन करने से कार्य सिद्धि शीघ्र प्राप्त हो जाती है।
- भागवत गीता के अध्याय 4/13 में वर्णन करते हैं कि गुण और कर्मो के अनुसार ही वर्ण का समूह रचा गया है।
- स्वर्ग के देवता भी भगवान द्वारा नियुक्त सेवक हैं।
- भगवान किसी जीवो के प्रति पक्षपात नहीं करते।
- भौतिक सृष्टि के लिए भगवान ही परम कारण है प्रकृति तो निमित्त कारण मात्र है।
- जीवात्मा भौतिक कार्यकलापों के सकाम कर्म फलों में बंधी रहती है।
- कर्म अकर्म और विक्रम के बारे में गीता में वर्णन किया गया है।
- धर्म और शास्त्र के अनुसार आचरण ही कर्म है और इसके विपरीत कार्य अकर्म व विकर्म है।

- जब मनुष्य कर्म में अकर्म देखता है और जो अकर्म में कर्म देखता है वह मनुष्य में बुद्धिमान है।
- जो कर्म बिना कामना के, फल के, आशक्ति के, सर्वथा त्याग करके संसार को आश्चर्य से रहित है तथा नित्य परमात्मा में रत है, वह बुद्धिमान है।
- जिसने कर्म द्वारा अंतःकरण और इंद्रियों को जीता है भोग सामग्री का परित्याग किया है वह शरीर से पाप संबंधी कर्म करते हुए भी पापी नहीं है।
- जिसमें संतुष्ट रहना, ईर्ष्या का अभाव, हर्ष शोक आदि द्वण्दों से पार हो गया है वह कर्मयोगी ही कर्म बंधन में नहीं बन्धता है।
- जिसकी आशक्ति नष्ट हो गई ही, जो देह अभिमान और ममता से रहित है, जिसका चित निरंतर परमात्मा के ध्यान में स्थिर रहता है। कर्म भली–भांति विलीन हो जाता है।
- हवन, यज्ञ और ब्रह्म का वर्णन भगवत गीता के अध्याय 4/24 में किया गया है। यज्ञ में सारे क्रिया कर्ता को ब्रह्म माना गया है।
- कुछ योगोजन अग्नि में हवन करते हैं। कुछ जिसमें शब्द, इंद्रियों की संपूर्ण विचारों, द्रव्य, अहिंसादि तोक्षण ब्रतो से स्वाध्यान रूप ज्ञानयज्ञ, अपानवायु में प्राणवायु को हवन करते है। कुछ प्राणवायु में अणनवायु को तो कुछ निपाकर आहार करने वाले अपानवायु का हवन ।
- भगवान कहते हैं कि वेद की वाणी यज्ञ के विस्तार का वर्णन है। इसका अनुष्ठान करने से कर्म बंधन से सर्वदा मुक्त हो जाएगा।

प्रेरणा – गीता से

- भगवान कहते हैं कि सभी यज्ञों से श्रेष्ठ यज्ञ ज्ञानयज्ञ है। सम्पूर्ण कर्म ज्ञान में समाप्त हो जाते हैं।

- तत्वदर्शी (Philosopher) के पास जाकर विनम्रता पूर्वक अनुनय विनय दंडवत कर जहां तत्वज्ञान का उपदेश दिया जाएगा।

- तत्वज्ञान प्राप्त होने पर मोह प्राप्त नहीं होगा (Enchantment, enlightenment) सच्चिदानंद धन परमात्मा को प्राप्त होगा।

- भगवान कहते हैं कि ज्ञान के समान पवित्र कुछ भी नहीं कर्म योग के द्वारा शुद्ध अंतःकरण प्राप्त मनुष्य अपने आप ही आत्मा को पा लेता है।

- जितेंद्रिय, साधन परायन और श्रद्धाश्रम मनुष्य का ज्ञान प्राप्त करता है वह तत्काल ही भगवत प्राप्ति रूप शांति को प्राप्त होता है। Affairs supreme attains supreme peace in the form of God realisation.

- भगवान गीता में कहते हैं कि कर्म योग सन्यास योग से उत्तम है।

- जो पुरुष न किसी से द्वेष रखता है, ना किसी से आकांक्षा रखता है ऐसा कर्म योगी सन्यासी ही समझने योग्य है।

- राज देषादि द्वंदो से रहित पुरुष सुख पूर्वक संसार बंधन से मुक्त हो जाता है।

- इस तरह के कर्म योगी ज्ञान योग भी सन्यासी जैसा है मरने बाद परम पद को प्राप्त होते हैं कर्म योग के नियम बंधन के बिना सन्यास प्राप्त नहीं किया जा सकता है।

- तत्व दर्शन (Philosopher) का ज्ञाता ही सांख्य योग्य होता है ऐसा भागवत गीता के अध्याय 5/8-9 श्लोक में दर्शाया गया है।

- जो योगी देखता हुआ, सुनता हुआ, स्पर्श करता हुआ, सुंघता हुआ, भोजन करता हुआ, गमन करता हुआ, सोता हुआ, स्वास

लेता हुआ, बोलता हुआ, त्यागता हुआ, ग्रहण करता हुआ, आंखें खोलता हुआ, मूंदता हुआ भी सब इंद्रियां अपने बस में कर सकता है और सब परमात्मा की इक्षा पर छोड़ धाम देती है वह पुरुष जल में कमल पत्ते की भांति पाप से अलग रहता है।

- कर्म योगी लगातार अंतःकरण के विरुद्ध के लिए कर्म करते हैं।
- कर्म योगी कर्मो के फल त्याग कर भगवत प्राप्ति शांति के लिए कर्म करते हैं।
- साकाम कर्म कामना का प्रेरणा से फल में आसक्त होकर कर्म करता है।
- ऐसा योगी जिसका अंतःकरण वश में है सांख्य योग का आचरण करने वाला शरीर के नवद्वारों वाले शरीर रूणीधर में सब कर्मो का मन से त्यागकर आनन्दपूर्वक सच्चिदानंद परमात्मा में स्थिर रहने लगता है।
- भगवत गीता कहती है कि परमेश्वर मनुष्यों के न कार्य, कर्ता ना कर्म और कर्म फल के संयोग की रचना करते हैं, यह सब प्रकृति के अधीन है।
- भगवान किसी के पाप कर्म, ना किसी के शुभ कर्म ग्रहण करता है परंतु अज्ञान के कारण मनुष्य मोहित हो रहा है।
- यह अज्ञान जब तत्वज्ञान द्वारा नष्ट कर दिया जाता है वह ज्ञान सूर्य के समान परमात्मा को भी प्रकाशित कर जाता है।
- जिस व्यक्ति का मन बुद्धि तद्रूप (Merged) हो रहा है जिसकी निरंतर एकभाव से तत्व प्राप्तपरायण ज्ञान पुरुष की भांति परमात्मा में लग रहा है वही परमगति को प्राप्त होता है।

प्रेरणा – गीता से

ध्यान योग के संदर्भ में
Medication with Brahma

- भगवत गीता के अध्याय 5/20 में ध्यान योग के संदर्भ में व्याख्या की गई उपरोक्त अवस्था के पश्चात योगि या साधक बाहरी विषयों से आशक्ति रहित अंतःकरण वाला साधद आत्म स्थिर होकर ध्यानजनित सात्विक आनंद प्राप्त होता है। साधक को सचिदानन्द परब्रह्म परमात्मा के ध्यानरूप योग में अक्षय आनन्द (Enjoy eternal bliss) का अनुभव करता है।

- इंद्रियां विषयक सुख को भोग कहा गया है जो अनित्य है और दुख के कारण हैं।

- साधक ध्यान मग्न Meditation के पहले काम, क्रोध से होने वाले वेग को सहन करने में समर्थ हो जाता है, वही सुखी है।

- जो साधक Meditation द्वारा अंतरात्मा में ही सुख अनुभव करता है, आत्मा में रमण करता है, आत्मा में ही ज्ञान वाला है सांख्य योगी की भांति ब्रह्म को प्राप्त होता है।

- मेडिटेशन द्वारा सब संशय ज्ञान से निवृत्त हो जाते हैं। इसका जीता हुआ मन निश्चल भाव से परमात्मा में स्थित होकर ब्रह्मावेता पुरुष शांत ब्रह्म को प्राप्त होता है।

- मेडिटेशन से काम, क्रोध तथा लोभ-मोह पर विजय प्राप्त कर परमात्मा का साक्षात्कार कर सब ओर से शांत परब्रह्म परमात्मा प्राप्त होता है।

- ध्यान योग करने की विधि का विस्तृत विवरण 5/27-28 में वर्णन किया गया है कि विषय भोगों का न चिन्तन करता हुआ नेत्रों का दृष्टि का भृकुटीक बीच में स्थित करके तथा नासिका में विचरण करने वाले प्राण और अपानवायु को सम करके

पृष्ठ – 48

(रोककर) सदा मुक्त रहता है। जैसा कि मोक्षपरायण मुनि इक्षा, भय और क्रोध त्याग कर भगवत चिंतन में रत रहता है।

- भगवत गीता में भगवान कहते हैं कि ध्यान मग्न द्वारा परम शांति को प्राप्त होता है भागवत गीता के अध्याय 6/10 में मैडिटेशन विधि पर प्रकाश डाला गया है कि मन और इंद्रियों सहित शरीर को वश में रखकर साधक आशारहित और संग्रहरहित योग क्लास एकांत स्थान में स्थिर होकर आत्मा का निरंतर परमात्मा में लगाने का कार्य करना चाहिए।
- आगे श्लोक में कहा गया कि साधक को शुद्ध भूमि में कुशा, मृगछाला और वस्त्र बिछाकर रखे स्थान बहुत ऊंचा ना हो और ना बहुत नीचा, अपने आसन को स्थिर स्थापित कर आशासन पर बैठकर चित्र और इंद्रियों को क्रियाओं को वश में रखते हुए मन को एकाग्र करके अंतःकरण की शुद्धि के लिए योग अभ्यास करना चाहिए। Yoga for self-purification.
- आगे बतलाते हैं कि साधक की काया, सिर और गले को समान अचल धारण करके स्थिर छोड़कर अपनी नासिका के अग्रभाग पर दृष्टि जमा कर अन्य कहीं ना देखें। साधक ब्रह्मचारी व्रत के अनुरूप स्थिर स्थित भय रहित तथा भली-भांति शांत अंतःकरण वाला सावधान योगी मन को रोककर परमात्मा का परापण होकर स्थित होना चाहिए।
- ऐसा योगी परमानंद की पराकाष्ठा रूप शांति को प्राप्त होता है।
- भगवान आगे कहते हैं कि साधक बहुत खाने वाला या बिल्कुल ना खाने वाला, ना बहुत सहन करने वाला, ना सदा जागने वाला हो वही सिद्ध होता है।

- योग तत्व बहुत सूक्ष्मविज्ञान पर आधारित एक अध्यात्मिक विषय है जो मन वह शरीर के बीच सामंजस्य स्थापित करने पर ध्यान देता है।
- योग स्वस्थ जीवन यापन की कला एवं विज्ञान है।
- योग शब्द संस्कृत की योग धातु से बनी है जिसका अर्थ जुड़ना होता है अतः योग करने से ब्रह्मांड की चेतना से जुड़ जाता है।
- योग का अभिप्राय एक आंतरिक विज्ञान से भी है जिसमें कई तरह की विधियां जैसे – अपनी नियति को अपने वश में कर सकता है।
- योग विद्या में शिव को पहले योगी या आदि योगी माना जाता है।
- कई हजार वर्ष पूर्व हिमालय में कांति सरोवर झील के तट पर शिव ने अपने प्रबुद्ध ज्ञान से प्रसिद्ध सप्त ऋषि यों को योग ज्ञान प्रदान किया था।
- अगस्त नामक ऋषि ने योगिक तरीके से इसे फैलाया।
- वैदिक काल में भी ब्रह्मचर्य आश्रम में वेदों के साथ योग शिक्षा दी जाती थी ऋग्वेद 1–5–3 में विवरण है

सधानो योग आभुवत् स रायेस पुरं ध्यामा

गमक वाजेभिरा स नः

अर्थात् परमात्मा हमारी समाधि के निमित अभिमुक्त हो।

- भगवत गीता काल में योग श्रवसन एवं मुद्रा संबंधी अभ्यास ना होकर एक जीवन शैली बन गया था।
- जैन व बौद्ध काल में योग यम और नियम पर जोर देकर यम नियम अर्थात अहिंसा सत्य ब्रह्मचर्य असतेय अपरिग्रह, शौच, तप और स्वाध्याय का प्रचलन अधिक हो गया जो गीता में पूर्व से वर्णित है।

प्रेरणा – गीता से

- मुख्यता ईसा पूर्व अवधि काल में योग क्रिया योग के अंतर्गत तप स्वाध्याय और ईश्वर प्राणि धान ही था उपनिषद में सांस लेने संबंधी व्यायाम शरीर की सफाई आसन और ध्यान का उल्लेख छांदोग्य उपनिषद इत्यादि में विस्तार से वर्णन है।

- योग गुरु पतंजलि ने योग के आयाम को नया रूप देने की कोशिश की। आसन, शरीर और मन की सफाई क्रियाएं और प्राणायाम को अधिक महत्व दिया।

- योग्य की चार अवस्थाएं निम्न है –
  - पहला कर्म योग जहां हम अपने शरीर का उपयोग करते हैं।
  - भक्ति योग जहां हम अपनी भावनाओं का उपयोग करते हैं
  - ज्ञान योग जहां हम मन एवं बुद्धि का प्रयोग करते हैं
  - क्रिया योग जहां हम अपनी ऊर्जा का उपयोग करते हैं

- भगवत गीता के साथ-साथ प्राचीन टोका कारों ने भी इस बात पर जोर दिया है कि किसी दक्ष गुरु के मार्गदर्शन में योग या काम करना आवश्यक है।

- स्वामी विवेकानंद जी ने शिकागो के योग की चर्चा किया था फिर महर्षि महेश, योगी परमहंस योगानंद रमण, महर्षि श्री कृष्ण आचार्य, महर्षि अरविंद, महर्षि शिवानंद, आचार्य रजनीश से लेकर योग नए रूप में विश्व मानस पटल पर छा गया है।

- स्वस्थ एवं तंदुरुस्ती के योग पद्धतियों को बड़े पैमाने पर अपनाई जाने लगी है।

- वर्तमान समय की योग साधनाएं इस प्रकार हैं – यम नियम, आसन, प्राणायाम, प्रत्याहार, धारणा, ध्यान, समाधि, साम्यामा, बौद्ध एवं मुद्राएं, षट, कर्म युक्त, आहार युक्त, कर्म मंत्र जप इत्यादि।

प्रेरणा – गीता से

- 2014 ईस्वी से प्रत्येक 21 जून अंतर्राष्ट्रीय योग दिवस के रूप में मनाया जाने लगा है।

- उत्तराखंड राज्य में योग केंद्र एवं विद्यालय, विश्वविद्यालय तथा मुंगेर का योग्य केंद्र विख्यात हो चुका है।

- भगवत गीता का योग निःस्पृह या स्मृधरहित यानी कामनारहित या महत्वकांक्षी मुक्त बताया गया है।

- जिस प्रकार वायु रहे स्थान में विरोध तक चलयमान नहीं होता वैसे ही यानी उपमा तुलना किया है। यत चितस्य जिसका मन वश में है निरन्तर संलग्न योग्य-ध्यान के अध्यात्म में समाहित रहता है।

- भगवान कहते हैं कि संकल्प (thought of the world) संपूर्ण कामनाओं का त्याग कर मन के द्वारा इंद्रियों को समुदाय का सब ओर से भलीभांति रोककर क्रम-क्रम अभ्यास करें तथा धैर्यमुक्त बुद्धि द्वारा मन को परमात्मा में स्थिर कर परमात्मा का चिंतन करें।

- भगवान कहते हैं कि साधक रजोगुण शांत कर, एकीभाव से आत्मा को परमात्मा में लगाता है।

- परमात्मा का प्राप्ति रूप अनन्त आनंद का अनुभव करता है।

- यह योगी 'मरमो मतः' यानि परम श्रेष्ठ माना गया है।

- आगे श्री कृष्णा बताते हैं कि मन चंचल और कठिनता से वश में होने वाला है, परंतु अभ्यास और वैराग्य By repeated practice of meditator and by the exercise of dispassion

- शिष्य के अनुरूप अर्जुन श्री कृष्ण से प्रश्न करते हैं – जो व्यक्ति योग में श्रद्धा रखने वाला है। किंतु संयमी नहीं है। अंत मन योग से विकसित हो गया, ऐसे साधक योग का सिद्धि का अर्थात साकार को प्राप्त हो, क्या कहा जाएगा ? क्या वह छिन्न-भिन्न बाल की (Scattered of Cloud) तरह नष्ट हो जाएगा।

- भगवान निदान स्वरुप वर्णन करते हैं, भगवत मार्ग का पथ गामी साधक की दुर्गति नहीं होती।
- अगले जन्म में इस समबुद्धि देकर फिर बचे हुए क्रिया संपादन कराया जाता है।
- भगवान कहते हैं कि योगि तपस्वीयों से श्रेष्ठ है शास्त्र ज्ञानियों से श्रेष्ठ है, सकाम कर्म करने वालों सभी साधक श्रेष्ठ है।
- अंतरात्मा से निरंतर मुझको भजता है।
- वह योगी मुझे परम श्रेष्ठ मान्य है।

भगवत ज्ञान

ईश्वर के प्रति भक्ति जागृत करना

अभी तक के अध्ययन से यह ज्ञात हुआ कि

- मैं क्या हूँ ?
- मैं कहाँ से आया हूँ ?
- मैं कहाँ जा रहा हूँ ?
- मैं क्या कर रहा हूँ ?
- मैं क्यों जी रहा हूँ ?
- मेरे जीवन का उद्देश्य क्या है ?

अध्याय - 4

भगवत ज्ञान

अध्याय-04

अब भगवान के बारे में जानकारी भगवत गीता में दी गयी है -

हरि व्यापक सर्वत्र समाना

प्रेम तें प्रकट होहिं में जान वासुदेव सर्वनिति

क्षेत्रज्ञं चाचि भी विधि सर्वक्षेत्रेपु भारत।

- भगवान निर्विशेष ब्रह्म ज्योति के रूप में विद्यमान हैं।
- अंतर्यामी परमात्मा की अनुभूति भी विद्यमान है।
- भगवत गीता में वैज्ञानिक ज्ञान है। भावनामृत यानि श्री कृष्ण ही परम ब्रह्म या पूर्ण भगवान हैं।
- गीतावक्ता श्री कृष्ण जी भगवान अजन्मा, अविनाशी, नृत्य एवं सनातन हैं। श्लोक 7/19 में कहा गया है - 'वासुदेवः सर्वमिति' कृष्णाय वासुदेवाय हरये परमात्मने प्रण्तक्लेशनाशाय गोविन्दाय नमो नमः।
- भगवत गीता में श्री कृष्ण अर्जुन से तत्वज्ञान (Entirely this wisdom) के बारे में चर्चा किया। लाखों लोगों में से कोई एक योगी मेरे परायन होकर तत्व या यथार्थ से मुझे जानता है।
- आगे बताये कि मेरी अपरा, जड़ प्रकृति है जो आठ प्रकार है - पृथ्वी, जल, अग्नि, वायु, आकाश, मन, बुद्धि और अहंकार है, परंतु इसके परे मेरा चेतन प्रकृति भी है जिसने संपूर्ण जगत को धारण किया है।
- इन्हीं दो शक्तियों से संपूर्ण जगत का सृजन प्रभव तथा प्रलय होता है। अर्थात संपूर्ण जगत का मूल यही कारण है।

प्रेरणा – गीता से

- श्री कृष्ण कहते हैं कि यह संपूर्ण जगत सूत्र–सूत्र रूप में मणियों के माला रूप में मुझसे गुथा हुआ है।
- मैं जल में रस, चंद्रमा और सूर्य में प्रकाश संपूर्ण वेदों में ओंकार, आकाश में, शब्द और पुरुषों में पुरुषत्व हूं, पृथ्वी की गंध, अग्नि में तेज तथा तपस्वीयों में भी हूं।
- संपूर्ण भूतों का सनातन जीव बुद्धि मानव का बुद्धि और तेजस्वियों का तेज हूं।
- बलवानों का बल, समर्थ हूं।
- सब काल में धार्मिक अनुकूल शास्त्र के अनुकूल काम हूं।
- सत्वगुण से उत्पन्न होने वाले सकारात्मक भाव या रजोगुण का तमोगुण से उत्पन्न होने वाले भाव भी मैं हूं।
- सब में होने वाली क्रियाएं व मुझसे है। जान परंतु वास्तव में उनके मैं और वे मुझ में नहीं है। Neither do I exist in thesis nor do they in me.
- भगवान कहते हैं कि गुणो के कार्यरूप सात्विक, राजस और तामास, उन तीन प्रकार के भाव से सारा संसार, प्राणी समुदाय मोहित हो रहा है। परंतु मुझ पर इन तीनों का कोई प्रभाव नहीं रहता है।
- भगवान कहते हैं कि, यह अलौकिक या अति अद्भुत त्रिगुणीमयी माया मेरी है, जो बड़ी दुरुस्त यानी पार पाना कठिन है।
- परंतु जो नियंतर भागवत रूप में मुझे भजते हैं वह इस माया को फुल एक्शन कर जाते हैं अर्थात तर जाते हैं।
- परंतु जो लोग मुझे नहीं भजते वे मनुष्यों में नीच, दूषित कर्म करने वाले मुद, मूर्ख लोग हैं और उनकी माया ने ज्ञान हर लिया है।

- भगवान कहते हैं कि चार प्रकार के भक्त मुझको भजते हैं। आर्थ यानी – विपदा ग्रस्त पीड़ित व्यक्ति, अर्थाथी – लाभ की रक्षा रखने वाला पुरुष, जिज्ञासु ज्ञान की जिज्ञासा रखने वाला पुरुष और ज्ञानी – वस्तुओं को सभी रूप में जानने वाले, तत्वज्ञ।
- उन सब में नित्य रोज एकीभाव से स्थित अनन्य प्रेमभक्ति वाला ज्ञानी भक्त उत्तम है।
- वह मुझे अत्यन्त प्रिय हो ज्ञानीजन वो मेरा स्वरूप है और ज्ञानीभक्त प्रतिरूप मुझ में ही स्थित है।
- यही ज्ञानीवान ही तत्व ज्ञानी है।
- भोगों की कामना से प्रेरित होकर जिनका ज्ञान हरा जा चुका है, वे अपने स्वभाव के अनुरूप प्रेरित होकर वैसे–वैसे देवताओं को पूजते हैं या भजते हैं।
- जो साकाम भक्त जिस देवता के स्वरूप को श्रद्धा से पूजते हैं उसकी श्रद्धा मैं हूं। इस देवता में स्थित करता हूं।
- परंतु देवता भी मेरे द्वारा ही विधान किए हुए इच्छित भोगों का उपयोग का फल प्रदान करते हैं।
- परंतु यह अल्प बुद्धिमान कहे जाते हैं तथा नाशवान है। देवताओं को पूजने वाले देवताओं को प्राप्त होते हैं, मुझको पूजने वाले मुझे प्राप्त होते हैं।
- श्री कृष्ण भगवान कहते हैं कि मेरे अनुत्तम अविनाशी परम भाव को नहीं जानकर मन व इंद्रियों से अन्य मनुष्यों का भाँति जन्मकर व्यक्ति मानते हैं वे मूढ़ हुआ अल्प बुद्धिमान हैं क्योंकि मैं सच्चिदानंदधन परमात्मा हूं।
- मेरे पास योग माया शक्ति है इस कारण भगवत रूप में सबके समझ प्रकट नहीं होता।

- मैं सब भूतों एवं कालों को जानता हूं पूर्व में जो व्यक्ति हुये हैं, वह सब को मैं जानता हूं।
- यह संसार इच्छा और द्वेष से उत्पन्न सुख–दुख द्धंद रूप में से संपूर्ण प्राणी अज्ञानता को प्राप्त होता रहा है।
- निष्काम भाव से श्रेष्ठ कर्मो का आचरण करने वाले पुरुष जिनका सब पाप नष्ट हो गया है ऐसा दृढ़ निश्चयी पुरुष मुझको प्रिय है।
- श्री कृष्ण कहते हैं कि जो मेरे शरण में आकर जरा और मरण जन्म–मरण से छुटना चाहते हैं तथा ब्रह्म को संपूर्ण अध्यात्म को संपूर्ण कर्म को जान जाते हैं। जो व्यक्ति अभी अधिभूत – भौतिक जगत को चलाने वाले सिद्धांत, अधिदेवम – समस्त देवताओं को नियंत्रित करने वाले, अधियज्ञम – समस्त यज्ञ को नियमित करने के लिए मुझे अंत काल में जानते हैं, वे युक्त चित वाले पुरुष मुझे जानते हैं अर्थात प्राप्त हो जाते हैं।
- भागवत गीता के आठवें अध्याय में श्री कृष्ण कुछ विशिष्ट शब्दों का भावार्थ समझाते हैं।

ब्रह्म

परम अक्षर ब्रह्म है अविनाशी दिव्य सनातन प्रकृति को ब्रह्म कहते हैं यह भगवान ईश्वर अल्लाह या गॉड है।

अध्यात्म

शरीर के अंदर स्थित जीवात्मा ही अध्यात्म है यह की यह भी अविनाशी है परंतु परमात्मा नहीं है।

कर्म

जीवो के भौतिक शरीर को उत्पन्न करने वाला साकाम कर्म ही कर्म कहा गया है।

विसर्ग

सृष्टि को विसर्ग कहा गया है

अधिभूत

भागवत गीता में इस भौतिक जगत को अधिभूत कहा गया है। भौतिक प्रकृति परिवर्तनशील है। भौतिक शरीर अवस्थाओं से चलता है। उत्पन्न होते, बढ़ते कुछ काल तक रहते, कुछ गौण पदार्थ उत्पन्न करते, क्षीण होते और अंत में विलुप्त हो जाते हैं।

अधिदैवत

परमेश्वर के विराट स्वरूप को अधिदैवत कहते हैं जिनके पांव अधोलोग जिसके नेत्र सूर्य तथा चंद्र हैं और जिसका सिर उच्च स्थित है भगवान विष्णु द्वारा वामन रूप धारण कर राजा बलि के समक्ष वरदान मांग कर रूप दिखाया था महाभारत में युद्धिष्ठिर ने जब महल में गिरफ्तार करने का आदेश दिया तब अंत में अर्जुन के संशय पर पूर्ण विराट रूप श्री कृष्ण ने प्रकट कर दिखाया था।

अधियज्ञ

भागवत गीता में अध्याय 8 के श्लोक 4 में अधियज्ञ से तात्पर्य परमात्मा से है, जो प्रत्येक आत्मा के पास आसीन है। आत्मा के कार्यकलापों का साक्षी है तथा विभिन्न चेतनाओं का उद्गम है। मुक्त कार्य करने की छूट देता है और निगरानी रखता है।

मोक्ष प्राप्ति क्रियाएं

सभी जीव मरणशील प्राणी है और कर्म के अनुसार पूर्णजन्म होता है। भगवत गीता उपदेश देती है कि मनुष्य के लिए जिससे अगले जीवन काल सुधर जायें।

अध्याय 8वें में कहते हैं कि –

- जो पुरुष अंत काल में भगवान को स्मरण करते हुए शरीर त्याग कर जाता है वह भगवान के साक्षात स्वरूप को प्राप्त कर जाता है। (attains Mystate)
- अंत समय में मनुष्य जिस जिस भाव को स्मरण करता हुआ शरीर त्याग करता है सदा उसी भाव से भावित रहता है।
- साधक सर्वज्ञ अनादि सबके नियन्ता सूक्ष्म से अति सूक्ष्म में सबके धारण पोषण करने वाले, अचिंत्य स्वरूप के सदृष्य नित्य चेतन प्रकाशमय और अविधा से परे शुद्ध सच्चिदानंद परमेश्वर को स्मरण कर भक्ति युक्त पुरुष अंत काल में भी योगबल से भृकुटी के मध्य में प्राण को अच्छी प्रकार स्थापित कर निश्चल मन से स्मरण करते हुए उस दिव्य रूप परम पुरुष परमात्मा को प्राप्त होता है
- भगवत गीता में वेद और ब्राह्मण का जिक्र भगवान निरंतर करते रहे हैं।
- अध्याय 8/11 में भगवान कहते हैं
-

यदक्षरं वेदविदो वदन्ति विशन्ति यद्यतयो वीतरागाः
यदिच्छन्तो ब्रह्मचर्यं चरन्ति तते पदं सग्रहेण प्रवक्ष्ये।।

अर्थात भगवान कहते हैं कि जो वेदों के ज्ञाता हैं जो ओमकार का उच्चारण करते हैं बड़े–बड़े मुनि जो सन्यास आश्रम में रहते हैं वह

सिद्धि की इच्छा करने वाले ब्रह्मचर्य व्रत का पालन करते हुए वह ब्रह्म में प्रवेश करते हैं।

- भगवान कहते हैं कि मैं तुझे सरल उपाय बताऊंगा जिससे मुक्ति लाभ मिल सकेगा।
- भगवान कहते हैं कि मनुष्य सब इंद्रियों को रोककर मन का हृदय में निश्चित कर फिर इस जीते हुए मन द्वारा प्राणों को मस्तक में स्थापित करके परमात्मा संबंधी योग धारणा या योगमाया में होकर ओम का उच्चारण करता हुआ उसके अर्थ स्वरूप मुझ निर्माण ब्रह्म का चिंतन करता हुआ शरीर त्याग ता है वह पुरुष परम गति को प्राप्त होता है।
- भगवान कहते हैं कि अन्यनचित होकर सदा मुझ पुरुषोत्तम का स्मरण करता है वैसे योगी के लिए मैं सदा सुलभ हूं और ऐसा सिद्ध योगी महात्मजन मुझे प्राप्त कर दुखों से भरा इस क्षणमंगुर संसार में पूर्ण जन्म नहीं लेता है।
- ब्रह्मलोक बाकी सारे लोग से पुनरावृति संभव है परंतु मुझे जो प्राप्त कर लेता है उसका पुनर्जन्म नहीं होता। ब्रह्म संहिता में भी परमधाम को चिंतामणि धाम कहा गया है जहां सारी इच्छाएं पूरी होती है गोलोक वृंदावन कहा गया है संहिता में।
- काल के संदर्भ में भगवत गीता ज्ञान देती है कि ब्रह्मा का जो 1 दिन है उसका एक हजार चतुर युगीत तक यानी सप्त त्रेता द्वापर तथा कलयुग के एवं हजार चक्र होते हैं यानी ब्रह्मा के 100 वर्ष पृथ्वी के 31,10,40,00,00,000 वर्ष के तुल्य है। इस तत्व को जानते हैं।
- मानवीय गणना के अनुसार एवं हजार युग मिलकर ब्रह्मा का 1 दिन बनता है। इतनी ही बड़ी ब्रह्मा की रात्रि होती है।

- ब्रह्मा के दिन के आरंभ में सारे जीव अव्यक्त यानी अप्रकट अवस्था में में व्यस्त होते हैं और जब रात्रि आती है तो वे अव्यक्त में विलीन हो जाते हैं अर्थात जब ब्रह्मा का दिन आता है वह सारे जीव प्रकट होते हैं और ब्रह्मा की रात्रि होते ही वे असहाय वक्त बिलिंग हो जाते हैं
- इसके अतिरिक्त भी एक अव्यक्त प्रकृति है जो शाश्वत तथा व्यक्त अव्यक्त से परे है। यह परा यानि श्रेष्ठ है जो कभी नाश नहीं होती। संसार का सब कुछ क्षय हो जाता है फिर भी नाश नहीं होता
- भगवान कहते हैं कि मेरा धाम ही और अप्रकट, अविनाशी, परमधाम है जो एक बार प्राप्त कर लेता वह इस संसार में पुणः लौटकर नहीं आता है।

अव्यक्तोक्षर इत्युक्तस्वमाहुः परमा गतिम्।
यं सारभ न निवर्तन्ते तद्धाम परमं मम।।

- भगवान कहते हैं कि जिस परमात्मा के अंतर्गत सर्वभूत है जिससे सच्चिदानंदधन परमात्मा से यह समस्त जगत परिपूर्ण है, वह सनातन अव्यक्त परम पुरूष अन्यन भक्ति से प्राप्त होता है।

काल के संदर्भ में

- भगवान ने शरीर त्यागने वाले काल यानि पक्ष का जिक्र किया है।
- इस काल में मृत्यु को प्राप्त मनुष्य के प्राणों की जाने वाले मार्गो का वर्णन है –

सूर्य के उत्तरायण के छः मास में मरकर गए हुए ब्रह्मवेता योगीजन ब्रह्म को प्राप्त होते हैं, क्योंकि उस समय देवता अग्नि, ज्योतिर्मय, मार्ग का प्रकाशित करते हैं। महाभारत में भीष्म पितामह मृत्युसय्या पर पड़े हुए सूर्य के उत्तरायण का इंतजार कर रहे थे। शुक्ल पक्ष में मरे व्यक्ति वापस भूलोक नहीं लौटते हैं।

- जबकि 6 महीने पर सूर्य दक्षिणायन रहती है यदि आत्मा दिवंगत होता है। वह चित्रलोक में जाता है और पृथ्वी पर लौटकर पुनर्जन्म आता है।
- वैदिक मतानुसार इस संसार के (प्रयाण) करने के दो भाग हैं – एक प्रकाश देवयान दूसरा अंधकार प्रिया प्रकाश मार्ग से जाने वाला वापस आ जाता है जबकि अंधकार मार्ग से जाने वाला वापस लौट आता है
- भगवान कहते हैं कि भक्ति मार्ग से चलकर संबुद्धि रूप योग से मुक्त होकर परमेश्वर के प्राप्ति के लिए साधना करने वाला भी साधक तत्व ज्ञानी वेदांती यज्ञ–तप और ध्यान–दान आदी करने से पुण्य फल की प्राप्ति होती है। उसका भी उल्लंघन कर जाता है और सनातन परम पद को प्राप्त करता है।

भगवान की भक्ति कभी खाली नहीं जाती। एक कथा – पौराणिक कथा अनुसार गोदावरी नदी तट पर एक सुंदर नगर था। वहां एक

राजा बहुत धार्मिक था। उसका नाम जनश्रुति था। एक बार अंशु की एक टोली उड़ते हुए उस नगर में आई परंतु बैठने का प्रयास कर बैठे नहीं, उड़ गए।

एक पंडित जो हंस की भाषा जानता था हंसो के सरदार से कहा - क्यों तू राजा से पहले स्वर्ग जाना चाहता है। सरदार ने कहा - राजा से बढ़कर एक श्रेष्ठ मुनि है - रैयक मुनि। वही बैकुंठ का अधिकारी होगा, जो ब्रह्मलोक का दूसरा नाम है। राजा बहुत विचलित होकर मुनि दर्शन करने की बात सोची। राजा रथ लेकर सभी धाम गए काशी में गंगा स्नान किए। फिर राजा बद्री नारायण धाम पहुंचे तो रथ अटक गया। राजा ने देखा पर्वतों का कन्दरा (खोह) में कोई मुनी बैठा तपस्या कर रहा है। जिनके तेज से प्रकाश निकल रहा था। राजा रथ से उतर कर दंडवत कर चरण वंदन किया। हाथ जोड़कर प्रस्तुति किया। ऋषि ने राजा का आदर किया तथा गीता के अध्याय 8 का श्लोक पढ़ाया और मुक्ति का मार्ग बताए। राजा अपना राजपाट पुत्र को देकर भागवत भक्ति में लीन हो गया और मृत्यु उपरांत ब्रह्मलोक धाम सिधर गया।

कुछ लोग भगवत गीता का मरने के समय पढ़ाने वाले ग्रंथ मानते हैं और सेवानिवृत्ति के समय या अत्यंत बुढ़ापे के समय पढ़ने वाली ग्रंथ बताए हैं।

यह भ्रामक धारणा है। मृत्यु सूचना पत्र पर गीता के श्लोक का वर्णन करते हैं

नैनं छिन्दन्ति शस्त्राणि नैन दहति पावकः

न चैनं क्लेछ्यन्त्यापो न शोषयति मारूतः

प्रेरणा – गीता से

इस आत्मा को शस्त्र नहीं काट सकते हो तो आग नहीं जला सकते, उसको जला जला सकते और वायु नहीं सुखा सकता है।

वस्तुतः यह बात अकाट्य सत्य है। परंतु गीता की आवश्यकता से अधिक है, जो अभी जीवित है और संसार के समर से जूझ रहे हैं। काम, क्रोध, मद, लोभ, अहंकार, ईर्ष्या, मनुष्य के माया के अधीन रहने के कारण सास्वत समस्याएं हैं।

गीता इन सभी समस्याओं का अचूक समाधान करती है।

॥ॐ – ॐ॥

अध्याय – 5

गुह्यज्ञान

आत्मविद्या

(Introspection)

अध्याय–05

इस समय विश्व भर में कोई ऐसा विद्यालय संस्थान, पाठ्शाला या विश्वविद्यालय नहीं है जहाँ आत्मविद्या (Introspection)) की शिक्षा दिया जाता हो।

- भागवत गीता शूक्ष्मज्ञान या गुह्यज्ञान का खजाना है।
- शुद्ध भक्ति प्राप्त योगी दिव्य हो जाता है।
- भागवत गीता के नौवे अध्याय में गुह्य ज्ञान की विस्तृत चर्चा मिलती है। शुद्ध भक्ति 9 प्रकार से प्राप्त की जा सकती है। श्रवण, कीर्तन, स्मरण, पाद, सेवन, अर्चन, वंदन, दास्य, संख्य तथा आत्मसमर्पण।
- इन नौ उपचारों से भक्तों चेतन अथवा कृष्ण भावनामृत हो जाता है।
- भगवान अध्याय 9 में कहते हैं कि यह ज्ञान विज्ञान सहीतज्ञान है तथा राज विद्या है। सब गोपनीय का राज अति पवित्र, अति उत्तम प्रत्यक्ष फलवाला, धर्मयुक्त साधन करने में बड़ा सुगम व अविनाशी है।
- भगवान कहते हैं कि मुझ निराकार परमब्रह्म पूरे जगत में जल से बर्फ माफिक सदृष्य है। सभी जीव मुझमें है किंतु मैं उन में नहीं हूं। इसका अव्यक्त मूर्तिना शब्द का तात्पर्य अव्यक्त रूप द्वारा।
- भगवान सर्वव्यापी है और सर्वत्र उपस्थित रहते हैं। किंतु वे भौतिक इंद्रियों द्वारा देखे या अनुभव नहीं किए जा सकते हैं। जिस प्रकार सूर्य प्रकाश संपूर्ण ब्रह्मांड में फैल रहा है उसी प्रकार

प्रेरणा – गीता से

भगवान के शक्ति संपूर्ण सृष्टि में फैली है और सारी वस्तुएं उसी शक्ति पर टिकी है।

- *उदाहरण* – अमेरिकन महान ईश्वर वादी विद्वान कहते हैं (मोरिसक्रसी) विज्ञान की बात क्या करते हो जिस धरती पर तुम हो, यह धरती सदा साढ़े छियासठ $66\frac{1}{2}$ अंश के कोण पर झुकी हुई। अनवरत रूप से चल रही है। यदि धरती 90 अंश के कोण पर आ जाए तो जीव की संज्ञा ही नहीं रहेगी। धरती, चंद्र, सूर्य, तारे जो करोड़ों की संख्या में आकाश मंडल में अपनी अपनी धूरी पर चल रहे हैं। उस सबों को चलाने वाले कौन वैज्ञानिक है – ईश्वर है, जो स्वयं अचल है।

- भगवान कहते हैं कि जिस प्रकार वायु सदैव आकाश में स्थित है। महान अभिव्यक्ति, वायु की गति से प्रत्येक वस्तु की गति है। उसी प्रकार भगवान के परम शिक्षा के अधीन है। उनके इच्छा के बिना पत्ता भी नहीं हिल सकता है। उनकी इच्छा से ही वस्तुएं उत्पन्न होती है। उनका पालन होता है और उनका संहार होता है।

- भगवान कहते हैं कि कल्प के अंत में सारे प्राणी मेरे प्रकृति में प्रवेश करते हैं और कल्प के आरंभ में मैं उन्हें अपनी शक्ति से पुनः उत्पन्न करता हूं।

- ब्रह्मा जी का आयु 100 वर्षों का है और जीव की भांति उनकी मृत्यु होती है उसे कल्प कहते हैं फिर उनका जन्म होता है। परंतु ब्रह्मा जी का 1 वर्ष हमारे वर्षों के 4,30,00,00,000 बराबर है।

- श्री कृष्ण जी कहते हैं कि यह विराट एवं संपूर्ण जगत मेरे अधीन और मेरी इच्छा से बारंबार प्रकट होता है और मेरी इच्छा से विनष्ट होता है।

- शास्त्रों में वर्णन है कि सृष्टि के आरंभ में भगवान प्रथम पुरुष अवतार महाविष्णु के रूप में लेते हैं। विष्णु के चार अवतारों का वर्णन शास्त्र में पाया गया

(01) महाविष्णु (02) गर्भोदकशायी विष्णु (03) कारणोदकशायी विष्णु (04) क्षीरोदकशायी विष्णु। क्षीरोदकशायी विष्णु प्रकट करते हैं प्रत्येक वस्तु, अणु में प्रवेश करते हैं।

- भगवान स्वयं कर्म बंधन में नहीं बंधते हैं। वह उदासीन की भांति उन सारे भौतिक कर्मो से सदैव विरक्त रहते हैं।
- परंतु भगवान बैकुंठलोक में सदैव सतत दिव्य आनंद में अध्यात्मिक कार्यो में, रत रहते हैं। समस्त भौतिक कार्यो से उनका कुछ लेना–देना नहीं रहता है।
- भौतिक जगत की सारी व्यवस्था प्रकृति के अधीन रहती है परंतु इसके निर्देशन भगवान स्वयं करते हैं। जैसे फूल और सुगंध का संबंध होता है इसी प्रकार भौतिक जगत और भगवान के बीच हैं।
- भगवान के शरणागत भक्त जीव माया के प्रभाव से बाहर निकल आता है।
- भगवत भक्ति के दो मत हैं सगुणवादी और निर्गुणवादी या निर्विशेष्वादी।
- श्री कृष्ण जी का प्रकट एवं संपूर्ण लोक सामान्य नहीं था। स्वांश द्वारा भौतिक तथा आध्यात्मिक जगत में जन्नत में सर्वत्र विद्यमान रहते हैं।

आसुरी या दैवीय शक्तियाँ (dealumination)

प्रेरणा – गीता से

भागवत गीता के अध्याय 9/12 एवं 7 में आसुरी शक्तियों का वर्णन है। भगवन कहते हैं कि जिसके अन्तःकरण में भक्ति नहीं है। वे आसुरी शक्ति के अधीन है इसे नास्तिक ज्ञान की अनुशीलन करते हैं। जो श्रीकृष्ण भगवान की आलोचना या निंदा करते हैं उन्हें बार-बार श्रृष्टि के गहनतम अन्धकार में गिरना पड़ता है।

दैवी प्रकृति

दैवीय प्रकृति के लोगों को भागवत गीता में महात्मा नाम से उदभाषित है। श्लोक 9/3 में भगवान कहते हैं –

महात्मानस्तु माँ पार्थ दैवी प्रकृतिमाश्रिता।
भज-त्यनन्यमनसो ज्ञात्वा भूतादिभव्ययम।।

अर्थात भगवान कहते हैं कि मोह से मुक्त महात्माजन व्यक्ति दैवीय प्रकृति के संरक्षण में रहते हैं। वे पूर्णता भक्ति में रमे रहते हैं तथा मुझे आदि और अविनाशी भगवान के रूप में मानते हैं।

महात्मा

महात्मा उसे कहते हैं जिसके अंदर दैवीय गुण हैं। वह भौतिक प्रकृति के अधीन नहीं होते। वह आध्यात्मिक शक्ति के अधीन होते है आध्यात्मिक प्रकृति का निर्देशन एवं देवी प्रकृति कहलाती है। जो भागवत शरणागत होता हुआ महात्मा कहलाता है। यह दूसरा

प्रेरणा – गीता से

महात्मा होता है जो परमेश्वर के निराकार रूप ब्रह्मज्योति के प्रति आसक्त होता है। उसे भागवत गीता महात्मा नहीं मानता हूँ। भक्तों का तीन श्रेणी का वर्णन है –

1. परमेश्वर तथा अपने को एक मानकर, परमेश्वर के किसी मनोकल्पित रूप की पूजा करने वाले।
2. भगवान का विश्वरूप की पूजा करने वाले।
3. कुछ लोग देवताओं के उपासक होते हैं। कुछ ब्रह्मांड को ईश्वर मानकर पूजा करते हैं।
4. किंतु श्री कृष्ण भागवत गीता में कहते हैं –

- मैं ही कर्मकांड हूं।
- मैं ही यज्ञ हूं।
- मैं ही पितरों को दिया जाने वाला तर्पण।
- मैं ही औषधि।
- मैं ही दिव्यध्वनि।
- मैं ही घी।
- मैं ही अग्नि।
- मैं ही आहुति।
- मैं ही इस ब्रह्मांड का पिता।
- मैं ही माता-पिता।
- मैं ही आश्रय।
- मैं ही पितामह।
- मैं ही जानने योग्य ज्ञान (ज्ञेय) हूं।
- मैं ही शुद्धिकर्ता हूं।
- मैं ओंकार शब्द हूं।
- मैं ऋग्वेद, सामवेद व यजुर्वेद हूं।

- मैं ही लक्ष्य हूं।
- मैं ही पालनकर्ता हूं।
- मैं स्वामी, साक्षी, धाम एवं शरणस्थली हूं।
- मैं ही अत्यन्त प्रिय मित्र हूं।
- मैं ही सृष्टि, प्रलय सबका आधार आश्रय तथा अविनाशी बीज हूं।
- मैं ही ताप प्रदान करता हूं।
- मैं ही वर्षा को रुकता और लाता हूं।
- मैं अमरत्व हूं और साक्षात मृत्यु भी हूं।
- मुझमें ही आत्मा तथा पदार्थ (सत और असत) दोनों मुझमें ही है

जो वेदों का अध्ययन करते हुए सोमरस का पान करते हैं। ववे पापकर्मो से शुद्ध होकर, शुद्ध होकर इंद्र के पवित्र स्वर्गीय धाम में जन्म लेते हैं। जहां के देवताओं का आनंद भोंगते हैं। इंद्रिय योग के पश्चात पुण्य कर्म क्षीण हो जाते हैं। तो मृत्युलोक में पुनः लौट जाते हैं।

भगवान कहते हैं कि जो लोग अनन्य भाव से मेरे दिव्य स्वरूप का ध्यान करते हुए निरंतर मेरी पूजा करते हैं, उनकी आवश्यकताएं पूरी करता हूं और उनके पास जो कुछ है उसकी रक्षा करता हूं।

भगवान श्रीकृष्ण 9/23 में स्पष्ट कहते हैं कि जो लोग अन्य देवताओं के भक्त हैं और उनके श्रद्धा पूर्वक पूजा करते हैं वास्तव में वे भी मेरी ही पूजा करते हैं किंतु त्रुटिपूर्ण ढंग से करते हैं।

श्री जीवाबाई की कथा -

भक्ति काल की बात है, मध्य भारत में श्री जीवाबाई नामक गृहणी भगवान श्री कृष्ण के अनन्य भक्त थी। संपर्क में आने वाली नारियों को भगवत गीता का उपदेश देती थीं। एक बार इनके इकलौते पुत्र को चेचक निकल आया। लोगों ने माता शीतला देवी की मान्यता पूजा का आग्रह किया। पतिदेव ने भी कहा परंतु वह किसी का कहना नहीं मानी और श्री कृष्ण भक्ति में ही रमन करती अपने इष्ट देव श्री कृष्ण का रमण करती। पतिदेव क्रोधित होकर बोले यदि पुत्र को कुछ हो गया तो तुझे भी जिंदा जला देंगे। परंतु पुत्र की दशा बिगड़ती गई और अंत में इसकी मृत्यु हो गई। पति ने जीवाबाई के साथ श्री कृष्ण को भी खरी-खोटी सुनाई। परंतु श्री जीवाजी बिना किसी विषाद के शमशान में जाकर चिता तैयार की और बालक को गोद में लेकर जलने के लिए चिता पर बैठ गई। वहाँ काफी भीड़ इकट्ठा हो गई। बहुत लोगों ने मना किया परंतु श्री कृष्ण गोविंदाय का जाप करते हुए जलने को हठ करती रही। इसकी दृढ़ता देखकर प्रभु प्रसन्न हो गए और बालक जीवित हो गया। अन्यन्यनिष्ठा भक्तों का योगक्षेम भगवान करते हैं। सत्य घटना है।

- भगवान कहते हैं कि समस्त यज्ञों का एकमात्र भोक्ता तथा स्वामी मैं हूं।
- जो देवताओं की पूजा करते हैं वे देवताओं के बीच जन्म लेते हैं। जो पितरों की पूजा करते हैं पितरों के पास जाते हैं। जो भूत प्रेतों की करते हैं उन्हीं के बीच जन्म लेते हैं परंतु जो मेरी पूजा करते हैं वह मेरे साथ मेरे धाम में निवास करते हैं
- भगवान कहते हैं कि यदि कोई प्रेम तथा भक्ति के साथ मुझे मंत्र, पुष्पम, जल, प्रदान करता है उसे मैं स्वीकार करता हूं।

- दिव्य प्रेमाभक्ति का यह सरल मार्ग है।
- श्री कृष्ण कहते हैं कि तुम जो कुछ करते हो, जो कुछ खाते हो, जो कुछ अर्जित करते हो, दान देते हो, तपस्या करते हो, मुझे अर्पित करते हुए करो उससे तुम कर्म बंधन तथा फलों से मुक्त हो सकोगे।
- ऐसा करने से तुम भव बंधन से मुक्त होकर मेरे पास आ सकोगे।
- श्री कृष्ण कहते हैं कि मैं किसी से द्वेष नहीं करता, किसी के साथ पक्षपात नहीं करता। सभी के लिए समभाव है। जो मेरी भक्ति करता है वह मेरा मित्र है। मुझ में स्थित रहता है और मैं भी उसका सहारा हूं।
- यदि कोई जलन्ध से जलन्ध कर्म करता करता है। परंतु यदि वह भक्त है तो उसे भी साधु मानता हूं। क्योंकि वह अपने संकल्प में अडिग है। वह धर्मात्मा बन जाता है और शांति को प्राप्त करता है। मेरे भक्त का कभी विनाश नहीं होता है।
- मेरे भक्तों के लिए कोई जाति या वर्ग भेद नहीं है, सभी परमात्मा को प्राप्त होते हैं। इस्लाम धर्म को मानने वाले रहीम, रसखान इत्यादि कृष्ण भक्त हुए।
- भगवत गीता में भगवान कहते हैं – धर्मात्मा ब्राह्मण भक्तों तथा राजा के लिए मेरी भक्ति से सुखमय स्थान प्राप्त होते है।
- कुछ दार्शनिक करते हैं कि यह संसार मिथ्या है, विशेष रूप से मायावादी कहते हैं। भागवत गीता कहती है, यह अनित्य है।
- भगवान 9/34 में कहते हैं कि मेरा भक्त बनो। मेरी चिंतन करो। मुझे नमस्कार करो। मेरी पूजा करो। इस तरह मुझ में तल्लीन हो जाओ। निश्चित रूप से मुझ को प्राप्त होगे।

- **<u>भारतीय जीवन बीमा निगम (LIC)</u>** में भारतीय जीवन बीमा निगम के Logo में लिखा होता है "योगक्षेमं वहाम्यहम" इसका आसय है भागवत गीता के 9/22 में संपूर्ण श्लोक है

अनन्याश्चिन्तयन्तो मां ये जाना पर्युपासते।
तेषां नित्याभियुक्तानां योगक्षेमं वहाम्यहम।।

अर्थात जो लोग अनन्य भाव से मेरे दिव्य स्वरूप का ध्यान करते हुए निरंतर मेरी पूजा करते हैं उनकी एवं जो आवश्यकताएं होती है उन्हें मैं पूरी तरह करता है, जो कुछ उनके पास है उसकी रक्षा करता हूं।

I bring full security and personally attend to their needs.

- अध्याय 10 में भगवान कहते हैं कि अब मेरे एश्वर्य का ज्ञान सुनो - मेरा उत्पत्ति का रहस्य ना तो देवतागण जानते और नाहीं महर्षिगण जानते हैं क्योंकि सभी देवताओं और महर्षियों का उद्‌गम मैं हूं।
- भगवान कहते हैं कि मैं भगवान के रूप में यहां हूं। मैं परम भगवान हूं।
- श्री कृष्ण के पास अहैतुकी की कृपा है जो मनुष्य मुझे आदि समस्त लोकों का स्वामी जानता है, वह मरनोपरान्त लोग सभी पापों से मुक्त हो जाता है।
- भगवान अपराशक्ति माया के अधीन नहीं है वे अज-अजन्मा और पराशक्ति में है।
- ब्रह्मांड के सभी लोकों के परम स्वामी हैं।

प्रेरणा – गीता से

- श्रीमद भगवतम के अनुसार भौतिक जगत में कुछ भी शुभ नहीं। प्रकृति स्वयं अशुभ है, मंगल है पूर्ण भक्ति भगवान श्री कृष्ण की भक्ति।

- भगवान कहते हैं कि जीवो को मैंने विभिन्न गुण दिए हैं, जैसे –

बुद्धि	–	अर्थ है नीर क्षीर विवेक करने वाली शक्ति।
ज्ञान	–	अर्थ है आत्मा तथा पदार्थ को जान लेना।
संशय	–	संशय से मुक्ति मिल सकती, जब मनुष्य झिझकता नहीं है, दिव्य दर्शन भगवान को समझता है।
मोह	–	भगवान के शरण में जाने पर मोह से मुक्त हो जाता है।
क्षमा	–	क्षमाभाव अभ्यास से आता है। सहिष्णु होने का अर्थ छोटे-छोटे अपराध क्षमा कर देना चाहिए।
सत्यम	–	सत्यता का अर्थ है तथ्यों को सही रूप में अन्यों के लाभ के लिए प्रस्तुत किया जाए। सत्य बोलना चाहिए। सत्य वह भी है जो अन्यों को प्रिय लगे। तथ्यों को यथारूप लोकहित में प्रस्तुत करें, वही सत्य है।
दमः	–	अर्थ है इंद्रियों का व्यर्थ विषय भोग में ना लगायें।
शम	–	मन को नियमित रखना चाहिए।
सुखम	–	अध्यात्मिक ज्ञान के अनुशील में सुविधा को सुखम कहते हैं।
दुःखम	–	इसके विपरीत दुखम है।
भव	–	भव का अर्थ आत्मा से है।
अहिंसा	–	अहिंसा का अर्थ है अन्य को कष्ट न पहुंचाना।

वैसा कार्य जिससे मानव देह में चोट पहुंचता हो वह हिंसा है। मानव देह में साक्षात्कार के रूप मिला है।

मनुष्यों के भावों आध्यात्मिक सुख में वृद्धि हो रही है, वहीं अहिंसा है

समता - राग द्वेष से मुक्त विचार ही समता है।

तुष्टि - संतुष्टि - अधिक धन इकट्ठा करने, वस्तु इकट्ठा करने से बचने की प्रवृति ही तुष्टि है।

तपस - का अर्थ है तपस्या - तपस्या।

दान - भागवत गीता के अनुसार मनुष्य को अपनी आय का 50% किसी शुभ कार्य में दान देना चाहिए।

यशस - अर्थ है प्रसिद्धि प्राप्त व्यतिता।

अपमश - इसके विपरीत बुरे कर्म के कारण मिला दण्ड अपयश है।

गीता के अध्याय 10/5 में कहते हैं उपरोक्त सभी गुण मेरे द्वारा ही पोषित है।

- अध्याय 10/6 में भगवान कहते हैं कि मेरे मन से ही सारे जीव अवतरित हुए हैं। जिसका क्रमवार विवरण निम्न प्रकार है - मेरा विष्णुरूप चार प्रकार है महाविष्णु - कारणोदकशायी विष्णु, गर्भोदकशायी विष्णु, क्षारोदकशायी विष्णु। क्षीरादेकाय विष्णु के हिरण्यगर्भ से ब्रह्मा जो उत्पन्न हुए। ब्रह्मा जी के मन से भृचिकरांचि, नेत्र से अग्नि, मुख से अंगिरा, कान से पुलत्स्य, नाभि से पुलह, हाथ से कृतु, त्वचा से भृगु और प्राण से वशिष्ट इस प्रकार सप्तऋषि हुए। अंगुठे से दक्ष यानि दक्ष प्रजापति, गोद से नारद, दायें स्तन से धम, पीठ से अधम, हृदय से काम

या कामदेव, दोनों भौहों से क्रोध, मुख से सरस्वती, नीचे होंठ से लोभ, लिंग से समुद्र, छाया से कदर्भ प्रजापति प्रकट हुए।

- इन्हीं से सृष्टि की रचना हुई। 4 कुमार, 14 मनु एवं अन्य अवतरित हुए जिससे दुनिया आगे बढ़ी।
- भगवान कहते हैं कि जो पुरुष उस परमेश्वर रूप विभूति को योग शक्ति को तत्व से जान लेता है। वही निश्चल भक्तियोग (Unfettering Devotion) से परिपूर्ण होता है।
- मैं ही शबके उत्पत्ति का कारण हूं और मुझसे ही सारी वस्तुएं आकर्षित होकर परिक्रमा करती है।

Everything in the world moves because of me

- निरतर मुझमें मन लगाकर और संपूर्ण चित प्राण मेरे ध्यान में लगाने वाले, मेरी चर्चा करने वाले भक्तगण संतुष्ट रहते हुए मुझ में ही रमन करने वाले होते हैं।
- निरंतर मेरे ध्यान आदि में लगे हुए तथा प्रेमपूर्वक भजने वाले भक्तों को मैं वह तत्वज्ञान रूपी योग Yoga of wisdom by which they come to me. अध्याय 10/10 में वर्णन है।
- सर्वविदित है कि साकारवादी कृष्ण भक्त जैसे वैष्णव संप्रदाय पंथ के चारों मतों वाले जैसे 1. निम्बार्क सम्प्रदाय, 2. वल्लभ संप्रदाय, 3. गौडिय सम्प्रदाय। स्वामी नारायण सम्प्रदाय और एक राधास्वामी के सखी संप्रदाय है।
- सभी के लिए भगवत गीता के 10वें अध्याय के श्लोक 7 से 10 तक का विशेष महत्व है। क्योंकि कृष्ण भक्ति का ज्ञान गुह्यज्ञान वैष्णव गोडिय, चैतन्य महाप्रकट के उपासक तथा इस्कॉन वाले मानते हैं।
- उपरोक्त सभी पंथ समुदायवाले उपरोक्त चार श्लोक को ही भगवत गीता का सार मानते हैं।

प्रेरणा – गीता से

- शुद्ध भक्ति का मंत्र मानते हैं।
- भगवत के प्रति आत्मसाक्षात्कार को ही जीवन ध्येय मानते हैं।
- भगवान कृष्ण भक्ति का उपदेश देते हैं कि भक्त सरलता से उन तक पहुंच सके।
- यह योग की सिद्धावस्था है।
- भगवान कृष्ण कहते हैं कि भक्ति में रत भक्तों पर मेरी विशेष कृपा रहती है। उसके अज्ञान के अंधकार को दूर करता हूं। उसके हृदयों में स्थित ज्ञान को प्रकाशमय कर देता हूं।
- भागवत गीता के अध्याय 10/19 में भगवान कहते हैं कि – अब मैं तुम्हें अपनी दिव्य विभूतियों (My prominent divine glories) के बारे में विस्तार से बताता हूं।
- मैं समस्त जीवो के हृदय में स्थित आत्मा में स्थित परमात्मा हूं।
- मैं समस्त जीवो का आदि–मध्य और अंत हूं (I alone am the beginning the middle and also the end of all things)।
- भगवान कहते हैं, मैं अदिति के 12 पुत्रों में विष्णु और ज्योतियों में किरणोंवाला सूर्य हूं तथा अभ्यास वायुदेवताओं का तेज और नक्षत्रों का अधिपति चंद्रमा हूं।
- अर्थात विष्णु ही जगत के पालनकर्ता है। सूर्य भगवान के नेत्र हैं। वायु प्राणवायु या स्वास्थ्य आयु हूं तथा चंद्रमा मन का अधिपति है।
- यह सभी कृष्ण में समाहित है। मैं वेदों में सामवेद हूं। देवों में इंद्र हूं। इंद्रियों में मन हूं और भूतप्राणियों के चेतना अर्थात जीवन शक्ति हूं।

अर्थात चार वेदों में सामवेद जो संगीत एवं ज्ञापन पद्धति मंत्र दृष्टा वेद है। स्वर्ग लोक यानी देवताओं के राजा इंद्र। इंद्रियों में शक्तिशाली मन है और जीव प्राणियों में चेतना हूं।

पदार्थ तथा जीव समान नहीं होती चेतना परम तथा शासक पदार्थों के सहयोग से चेतना उत्पन्न नहीं होती।

मैं समस्त रुद्रो में शिव हूं तथा रास्तों में संपत्ति का देवता कुबेर। वसुओं में अग्नि तथा समस्त पर्वतों में मैं मेरु हूं।

शास्त्रों में 11 रुद्र का जिक्र है परंतु शिव शंकर प्रमुख है। जो भगवान के तमोगुणी रूप में सर्वत्र विद्यमान हैं। कुबेर धन के देवता हैं। अष्टवसु में अग्नि प्रधान वसु है और वैदिक ग्रंथों में संपन्न पर्वतमाला सुमेरु का वर्णन है।

- पुरोहितों का मुखिया बृहस्पति, सेनापतियों में स्कन्द तथा जलाशयों में, समुद्र में अर्थात वृहस्पति देवताओं के गुरु तथा बृहस्पति देवताओं के गुरु तथा शिक्षा के स्वामी को स्कंद देव सेनापति थे बहुत पराक्रमी और देवासुर संग्राम में दिलाये थे।
- जलाशयों में समुद्र से बड़ा कोई जलाशय नहीं है। शास्त्रों में विभिन्न सात समुद्रों का जिक्र आता है।
- मैं महर्षियों में भृगु और शब्दों में एक अक्षर अर्थात ओंकार हूं। सब प्रकार के यज्ञों में जापयज्ञ हूं तथा स्थिर रहने वालों में हिमालय पहाड़ हूं।
- अर्थात महर्षि भृगु सबसे शक्तिशाली महर्षि थे। ओंकार भगवान का नामांतरण है, यह ईश्वर का वाचक है। ईश्वर का वाच्य वाचक भाव संबंध नित्य है। जप करना श्रेष्ठ बतलाया गया तथा विश्व के सबसे ऊंचे पहाड़ हिमालय का जिक्र किया है।
- सब वृक्षों में पीपल का वृक्ष, देवताओं में नारद मुनि, गंधर्व में चित्ररथ और सिद्धों में कपिल मुनि हूं मैं।

- अर्थात पीपल से देवताओं का वासस्थल माना जाता है देव ऋषि नारद को नारायण का परमभक्त तथा ब्रह्मा के गोद से उत्पन्न हुआ।
- माना जाता है गंधर्व स्वर्ग में नृत्य-संगीत करते हैं, जिसमें चित्ररथ श्रेष्ठ है तथा सिद्ध पुरुषों में कपिल मुनि जो कंधर्व प्रजापति के पुत्र थे श्रेष्ठ हैं।
- घोड़ों में अमृत के साथ उत्पन्न होने वाला उच्चैश्रवा नामक घोड़ा, श्रेष्ठ हाथियों में एरावत हाथी तथा मनुष्य में राजा मुझको जान।

  अर्थात समुद्र मंथन के समय उच्चैश्रवा नामक घोड़ा जो सूर्य के पास एवं ऐरावत हाथी इंद्र को सौंपा गया तथा देव दानव में युद्ध राजा बनने के लिए ही होता रहा।
- शास्त्रों में वज्र और गौओ में कामधेनु। शास्त्रोक रीति से संतान की उत्पत्तिका हेतु कामदेव और सर्पो में सर्पराज बासुकि हूं।
- अर्थात देवासुर संग्राम में वज्र इंद्री का हथियार बना, कामधेनु की इंद्र का पास था जिसे समय-समय पर ऋषि को इंद्र देते थे। ब्रह्मा के हृदय से उत्पन्न कामदेव अति सुन्दर मोहक व्यक्तित्व के थे तथा सर्प बासुकी शिव के साथ रहते थे
- मैं नागों में शेषनाग और और जलचरों के अधिपति वरुण देवताओं और पितरों में अर्थमा पितर तथा शासन करने वालों में यमराज हूं।
- मैं दैव्यों प्रह्लाद और गणना करने वालों में समय हूँ। पशुओं में मृगराज सिंह और पक्षियों में गरुड़ हूं।
- मैं पवित्र करने वालों में वायु, शस्त्रधारियों में श्रीराम तथा मछलियों में मगर हूं और नदियों में श्री भागीरथ गंगोत्री हूं।

- मैं सृष्टियों का आदि और अंत तथा मध्य हूं। विद्याओं में अध्यात्म विद्या अर्थात ब्रह्मविद्या और परस्पर विवाद करने वाले का तत्व निर्णय (Metaphysics) एवं किया जाने वाला वाद हूं।
- मैं अक्षरों में ओंकार हूं। समासों में द्वंद समास हूं। अक्षयकाल अर्थात काल का महाकाल सब ओर मुख वाला विराटस्वरूप सब का धारण पोषण करने वाला भी हूं।
- मैं सब का नाश करने वाला मृत्यु और उत्पन्न होने वाला का उत्पत्ति हेतु हूं। स्त्रियों में कीर्ति, श्री, वाक, स्मृति, मेघा, घृति और क्षमा हूं।
- मैं गायन करने योग्य श्रुतियों में वृहत्साम और छंदों में गायत्री क्षंद हूं तथा महीनों में माघ शीर्ष और ऋतु में बसंत हूं।
- मैं छल करने वालों में जुआ और प्रभावशाली पुरुषों का प्रभाव हूं (Glory of the glorious) जितने वालों का विषय (Victory of the victorious) निश्चय करने वालों का निश्चय तथा सात्विक पुरुषों का सात्विक भाव हूं। Resoles of the resolute and the goodness of the good
- मैं विष्णुवंशियों में वासुदेव, पांडवों में धनंजय अर्थात अर्जुन, मुनियों में वेदव्यास और कवियों में शुक्राचार्य कवि हूं।
- मैं दमन करने वालों का दण्ड अर्थात दमन करने की शक्ति हूं। (Subduing power of rulers) जितने वालों का इच्छाशक्ति गुप्त रखने योग्य भावों का रक्षक मौन (Custodian in the form of reticence) और ज्ञानवानों का तत्वज्ञान (Wisdom of the wise) हूं।
- मैं सब भूतों का उत्पत्ति का कारण हूं। कोई ऐसा चर–अचर भूत नहीं है जो मुझसे रहित हो।
- मेरा दिव्य विभूतियों का अंत नहीं है। यह मेरी विभूति का संक्षिप्त में वर्णन है (Brief description of the extent of my glorry)

प्रेरणा – गीता से

- अतिरिक्त जो भी विभूतियुक्त अर्थात ऐश्वर्यायुक्त, कान्तियुक्त और शक्तियुक्त वस्तु है, वह मेरे तेज के अंश की अभिव्यक्ति है। (as glorious brilliant, powerful, known that to be a part manifestation of my glory)

- मैं उस संपूर्ण जगत को अपनी योग शक्ति के (My yogic power) का एक अंश मात्र धारण करके स्थित हूं।

- लोग कहते हैं कि कलिकाल में भगवान की कोई कृपया या भक्ति नहीं देखी जाती है। हाल के दिनों की एक सच्ची घटना का वर्णन मिलता है और इस बात की पुष्टि करता है कि अभी भी भगवत कृपा बरकरार है।

    उत्तर भारत का सुप्रसिद्ध तीर्थ स्थल चित्रकूट की घटना है जहां तिराहा गांव में प्रसिद्ध बालाजी मंदिर है जहां 9 मई 2022 में रात्रि समय अज्ञात चोर द्वारा 16 कांशे और पीतल व अन्य धातु से बनी मूर्तियां चुरा कर ले गए और महंत द्वारा थाने में अज्ञात चोरों के विरुद्ध प्राथमिकी दर्ज कराई गई। पुलिस अनुसंधान में कोई खास प्रगति नहीं हो रही थी। इतवार यानी 16 मई को महंत के घर के बाहर सभी मूर्तियों को छोड़े गए। साथ ही एक चिट्ठी छोड़ गए कि इन मूर्तियों के चोरी करने के बाद जमीन के अंदर छिपा दिया था परंतु राजा कृष्ण और लड्डू गोपाल की मूर्तियां रात सपने में आकर पीट्टा था और घसीट्टा था। ऐसे ही बुरे सपने रोज आने लगे। हार पार कर भगवान को प्रणाम कर मूर्ति वापस कर क्षमा चाहता हूं की गलतियां हो गई वापस करता हूं।

    अतः यह प्रमाणित करता है कि भगवान इस काल में भी मौजूद हैं और अपनी उपस्थिति का एहसास कराते रहे हैं।

॥ॐ -- ॐ॥

अध्याय – 6

भगवान कृष्ण का विराट रूप

(The supreme glorious divine form)

अध्याय-06

- भगवीता अध्याय 11 में भगवान का विश्व एवं विराट रूप श्री अर्जुन को दिखलाये हैं।

- अर्जुन के अतिरिक्त विराट रूप संजय ने भी देखा।

- विराट दर्शन के लिए दिव्य दृष्टि चाहिए। भगवान ने अर्जुन को दिव्य दृष्टि प्रदान किए। जबकि संजय को वेदव्यास ने दिव्य दृष्टि प्रदान की।

- दिव्य या विराट रूप में संपूर्ण ब्रह्मांड तीनों त्रिलोक तथा विष्णुओं के बैकुंठ धाम का दृश्य था।

- भगवान कहते हैं अर्जुन से कि इसमें आदिव्यों के हृदय पुत्रों, आठ वसुओं, एकादश रूद्र का, दोनों अश्विनी कुमारों को और अन्यन्य मरुदगणों को देख।

- भगवान कहते हैं कि मेरे शरीर के एक जगह स्थित चराचर सहित संपूर्ण जगत The entire creation consisting of oath the moving and the unmoving being) देख।

- संजय भगवान के विराट रूप का वर्णन करते हैं -

- अनेक मुख और नेत्रों से युक्त, अनेक अद्भुत दर्शनोवाले, बहुत से दिव्य आभूषणों से युक्त, बहुत से दिव्य शास्त्रों को हाथों में उठाए, दिव्य माला और दिव्य वस्त्र धारण किए। दिव्य गंध का सार शरीर में लेपन किए हुए। सब प्रकार के आश्चर्यों से युक्त, सीमा रहित और सब और मुख किए हुए विराट स्वरूप परम परमेश्वर को देखा।

(Full of all wonders, infinite and having faces on all sides)

- तेज प्रखर प्रकाश मानो आकाश में हजार सूर्य एक साथ उदयमान हो, वह परमात्मा के प्रकाश के समान दिखाई पर रहे थे।
- संजय ने कहा - अर्जुन को भगवान अपने विराट शरीर में अनेक प्रकार से विभक्त अर्थात पृथक-पृथक संपूर्ण जगत को एक जगह दिखलाई पड़ा।
- अर्जुन ने हाथ जोड़कर इस विराट शरीर को प्रणाम किया।
- अर्जुन श्री कृष्ण से कहते हैं कि हे भगवान कृष्ण मैं आपके शरीर में सारे देवताओं तथा विविध जीवो को एकत्र देख रहा हूं।
- कमल पर आसीन ब्रह्मा, शिवजी तथा समस्त ऋषियों एवं दिव्य सर्पो को देख रहा हूं।
- अर्जुन कहते हैं - हे विश्व के स्वामी (Lord of the universe) मुझे आपके अनेक भुजा, पैर और मुख नेत्र के अंदर उनके मुंह वाला दिखाई पड़ता है।
- परन्तु आपका अंत मध्य और आदि का दृष्टिगोचर नहीं कर पाता हूं।
- आपके मुकुटयुक्त, गदायुक्त और चकसंयुक्त कठिनता से देख जाने योग्य सब ओर से अप्रमयस्वरूप (Immeasurable on all sides) देखता हूं।
- आपके नेत्र सूर्य हैं और आपके तेज से यह जगत जगमगा रहा है (Scorching this universe by your radiance)
- संपूर्ण जगत 'कल्याण हो' कह कर स्तुति करते दिख रहे हैं।
- अर्जुन कहते हैं कि - श्रीकृष्ण आपके यह विकराल रूप देखकर सब जगत व्याकुल है। मैं भी व्याकुल हूं।

प्रेरणा – गीता से

- मेरा धीरज और शांति भंग हो रही है।

- अर्जुन को दृष्टिपात होता है कि भगवान के विराट व विकराल दाढ़ों में वर्तमान के सभी योद्धा, भीष्मा, द्रोण भी समा रहे हैं।

- जैसे नदियां समुद्र में प्रवाहित होकर दौड़ती है, वैसे सभी नर लोक के प्राणी प्रवेश कर रहे हैं।

- जैसे कीट पतंग नष्ट होने के लिए अग्नि के अतिवेग से दौड़ते हैं।

- अर्जुन श्री कृष्ण के इस रूप को बार-बार प्रणाम नमस्कार करते हैं।

- अर्जुन के घबराहट देखकर भगवान कहते हैं – मैं महाकाल हूं। लोकों को नष्ट करने के लिए प्रकट हुआ हूं।

- भगवान अर्जुन से कहते हैं – तू उठ और युद्ध कर जीत हासिल कर और केवल निमित्तमात्र बन (an instrument) निमित्त मात्र एक अर्थ केवल मात्र भी है।

- अर्जुन श्री कृष्ण भगवान का श्लोक 11/37 में कहते हैं – आप ब्रह्मा के भी आदिकर्ता (ब्रह्मोंडप्याविकत्रे) हैं, आप अनंत हैं, देवैय जगनिवास हैं, सच्चिदानंदन ब्रह्म हैं। आप सत असत और उन से परे अक्षर भी हैं।

- अनेक प्रकार के नमस्कार प्रणाम कर अर्जुन श्रीकृष्ण से क्षमा मांगते हैं।

- अर्जुन श्रीकृष्ण को अपना गुरू मानते है।

- अर्जुन भगवान से विष्णुरूप (चतुर्भुज रूप) धारण कर (Form of Vishnu with Four Arms) भी दिखाने हेतु अनुरोध करते हैं।

प्रेरणा – गीता से

- भगवान अर्जुन से कहते हैं कि मैंने अपने योग शक्ति (My power of Yoga) के बल पर विराट रूप दिखाया, जो तेरे अतिरिक्त किसी ने नहीं देखा है।

- फिर भगवान ने अपना शंख, चंद्र, गदा, पद्ममयुक्त चतुर्भुजरूप (विष्णु जी) दिखलाया।

- भगवान चतुर्भुज रूप में प्रकट होकर अर्जुन से कहते हैं – इस रूप में मेरा दर्शन दुर्लभ है। (Exceedingly difficult to behold)

- ऐसा रूप ना ही वेदों से, न तप से, न दान से और न यज्ञ से देखा जा सकता है। कोई देवता भी नहीं देख सकते हैं।

- परंतु अनन्य भक्ति से उस प्रकार चतुर्भुज रूप से मैं प्रत्यक्ष दिखता हूं जो तत्व से जानने के लिए एक भाव से प्राप्त होने के लिए जो तत्पर रहता है, वही दर्शन पाता है।

- भगवान कहते हैं कि – जो पुरुष मेरे लिए संपूर्ण कर्तव्य कर्मों को करने वाला है। मेरे परायण, मेरा भक्त, आशक्तिरहित, संपूर्ण जीव प्राणियों में वैभव रहित है, ऐसा अनन्य भक्ति युक्त पुरुष मुझको प्राप्त होता है।

- इस प्रकार भागवत गीता के विश्व का विराट रूप का समापन उस आसय के साथ हुआ कि कृष्ण भावनामृत या कृष्णभक्ति में कोई तपस्या वेदाध्यन या दार्शनिक, चिन्तन में दाग सा भक्ति तत्व मिलाकर कृष्ण के द्विभुज रूप दर्शन प्राप्त कर सकते हैं।

- भागवत प्राप्ति के विविध विधियों हमारे दर्शन एवं चिंतन में व्याप्त है।

- परम सत्य को निर्विशेषवादी भी परमेश्वर की खोज में लीन रहते हैं।

- कुछ लोग मानते हैं कि परमेश्वर निराकार से ही कृष्ण रूप में साकार रूप धारण किया था।
- दूसरा मत भी है कि ज्ञान की खोज में हैं।
- भगवान में अविचल भक्तिभाव से गुरु मार्गदर्शन में दर्शन प्राप्त कर सकता है।

गोपाल तापनो उपनिषद में

सचिदानन्दरूपाय कृष्णायाक्लिस्तकारिणे।
नमो वेदान्त वेधाय गुरुवे बुद्धिसाक्षिणे।।
कृष्णो बै परमं दैवतम
ईश्वरः परमेः कृष्णः सचिदान्नद विग्रहः
अनादि गोविन्दः सर्वकारण कारणम।।

- भागवत गीता में जो सांकेतिक ज्ञान दिया गया है, इसका तात्पर्य शुद्ध भक्ति से है। जो भक्त 9 विधियों से उचित गुरु के मार्ग दर्शन में भक्ति करेगा, उन्हें निश्चित रूप से श्री कृष्ण का दर्शन प्राप्त होगा।
- यह 9 विधियां हैं - श्रवण, कीर्तन, स्मरण, पादसेवन, अर्चन, वन्दन, दास्य, संख्या और आत्म निवेदन।
- उन्हें श्री कृष्ण के श्याम सुंदर रूप का दर्शन अवश्य प्राप्त होता है।

भक्त सरवन की कथा

उड़ीसा राज्य के गजपतिवश के राजा की शक्ति क्षीण होने पर कटक राज्य के शक्तिशाली मुगल सरकार लालवेश बलपूर्वक राजा बन गया और दाँतमुकुन्दपुर ग्राम के एक विधवा ब्राह्मणी से बाजबरन दासी बना लिया। इसे एक पुत्र हुआ सालवेग। वह बड़ा युद्ध निपुण

प्रेरणा – गीता से

था। एक युद्ध में घायल हो गया तथा अपंग हो गया। उसकी हालत दिन-प्रतिदिन खराब होती गई। बादशाह पिता ने बेरुखी दिखाई और उपेक्षा कर दी। संसार में सब स्वार्थ के संबंध रखते हैं। पिता द्वारा उसे छोड़ दिया गया। सभी लोग उससे उदासीन हो गए। नौकर चाकर भी नहीं थे सिर्फ माता ही थी जो रात-दिन सेवा करती थी। एक दिन सालवेग का कष्ट बढ़ने लगा तो माता ने रोते हुए पूछा बेटा अब एक ही उपाय बचा है – तू करेगा नहीं। पुत्र ने कराहते हुए कहा मैंने तेरे गर्भ से जन्म लिया है, बताओ। माता ने कहा आनंदकंद नंदनवन श्री कृष्ण ही सब देवों के राजा हैं। वह बड़े कृपालु हैं तू अपना कष्ट से ध्यान हटाकर विश्वास पूर्वक गोविंद का भजन कर। वह तेरे सब रोग दूर कर देंगे। सालवेग ने कहा, मैं तो कभी नाम भी नहीं सुना है। फिर माँ के बतलाएनुसार कृष्ण-कृष्ण-कृष्ण का जाप करने लगा। माँ ने कहा 12 दिनों तक अचल श्रद्धा से जाप कर तुझे दर्शन देंगे और कष्ट दूर करेंगे। उसके अंतःकरण के मुरली मनोहर की दिव्य मूर्ति प्रकट हो गई। उसका हृदय आनंद से उछलने लगा। अपने आप भगवान की लीलाओं का स्मरण होने लगा। नेत्रों से आंसुओं की धारा बहने लगी। देखते ही देखते 11 दिन बीत गए। परंतु वह कुछ निराश हो गया और सोचने लगा कल तक अच्छा नहीं हुआ तो आत्महत्या कर लेगा। रात्रि में स्वप्न में उसके सिरहाने बालमुकुंद वश में भगवान खड़े हैं और पूछ रहे हैं। सालवेग यह भभूति लेकर घाव पर लगा दे। घाव अच्छा हो जायेगा।

नींद खुली और भगवान अदृश्य हो गए। सालवेग चिल्लाने लगा माँ-माँ देखो घाव ठीक हो गया। मैं कृतार्थ हो गया। सालवेग बोला कृष्ण समान दूसरा कोई दयालु देवता इस जग में नहीं है। दोनों माँ बेटा जगन्नाथ जी गया और कृष्ण भक्ति में रम कर रहने लगा।

૭૬૦ -- ૭૬૦

अध्याय - 7

भक्तियोग

अध्याय-07

अध्याय 12 के श्लोक संख्या 1 में अर्जुन भगवान से पूछते हैं कि आपकी सेवा में सदैव तत्पर सत्रववादी या निर्विशेष ब्रह्म Exclusively and content devoted and knowledge and bliss solidified दोनों में श्रेष्ठ कौन है ?

भक्ति की दो विधियां बताई गई है - निविशेषवादी तथा सत्रुणवादी। सगुनवादी संपूर्ण शक्ति से कृष्ण की भक्ति करता है, परंतु निर्विशेषवादी अप्रत्यक्ष ने निर्विशेष ब्रह्म का ध्यान करता है।

- श्री कृष्ण 12वें अध्याय के दूसरे श्लोक में कहते हैं कि जो भक्त अपने मन को मेरे साकार रूप में एकाग्र कर अत्यंत श्रद्धा पूर्वक मेरी पूजा में सदैव लगे रहते हैं, मेरे द्वारा ever united through meditation उसे योगियों में अति उत्तम योगी मान्य है।
- परंतु जो योगी संपूर्ण इंद्रियों को भली प्रकार वश में कर मन बुद्धि से परे सर्वव्यापी, अकथनीयस्वरूप, सदा एकरस रहने वाले, नित्य, अचल, निराकार, अविनाशी, सच्चिदानंदधन ब्रह्म को निरंतर एकीभाव से भजते हैं, वे मुझे प्रिय हैं।
- जो व्यक्ति जीवो के हित में रहते हैं और सब में समान भाव वाले योगी मुझको ही प्राप्त होते हैं।
- भगवान कहते हैं कि निराकार ब्रह्म वेताओं के आसक्त चित वाले पुरुषों की साधना में दुख और परिश्रम अधिक है।
- मेरे परापण रहने वाले भक्तजन जो संपूर्ण कर्म मुझमें अर्पण कर मुझ सगुणरूप परमेश्वर को अनन्य भक्तियोग से निरंतर चिंतन करते हुए भजते हैं।

प्रेरणा – गीता से

- भगवान कहते हैं – कि मुझमें चित लगाने वाले प्रेमी भक्तों का मैं शीघ्र ही मृत्यु रूप संसार समुद्र से उधार कर देता हूं।

- भगवान कहते हैं – मुझमें मन लगा, मुझमें ही बुद्धि लगा इससे तू मुझमें निवास करेगा।

- मुझमें अचल स्थापना करने के लिए समर्थ नहीं है तो अभ्यास योग (Yog of practice) द्वारा मुझे प्राप्त करें।

- यदि अभ्यास योग के काबिल नहीं है, तो मेरे लिए कर्म करने के परायण होगा। मेरे प्रतिक्रम करने से मेरी पारितरूप सिद्धि (in trhe form of my realization) को प्राप्त होगा।

- योग सिद्धि साधना करने में असमर्थ है तो यह मन बुद्धि आदि पर विजय प्राप्त कर, कर्मों के फल (religious the fruit of all actions) का त्याग दें।

- फल की चिंता किए हुए अभ्यास से ज्ञान श्रेष्ठ है, ज्ञान से श्रेष्ठ ध्यान है, ध्यान से भी श्रेष्ठ सब कर्मों के फल का त्याग है।

- कर्मफल त्याग से तत्काल परमशांति प्राप्त होती है।

- भगवान कहते हैं – जो पुरुष सब जीवों में द्वेषभाव से रहित, स्वार्थ रहित, शबका प्रेमी और हेतु रहित दयालु है, ममता से रहित, अहंकार से रहित, सुख-दुख की प्राप्ति में सम और क्षमावान है। अपराध करने वाले को अभय देने वाला, जो निरंतर संतुष्ट है, मन इंद्रियों सहित शरीर को वश में किए हुए हैं, मुझ में दृढ़ निश्चय वाला है, मुझमें अर्पण किए हुए मनबुद्धि वाला है। ऐसा भक्त मुझको प्रिय है।

- जो किसी को कष्ट नहीं पहुंचाता, जो अन्य किसी के द्वारा विचलित नहीं किया जाता। जो सुख-दुख में भय तथा चिंता में समभाव रहता है। एक समान रहता है। वह अत्यंत प्रिय है।

प्रेरणा - गीता से

- जो सामान्य कार्यकलापों पर आश्रित नहीं है। जो शुद्ध है। दक्ष है। चिंता मुक्त है। समस्त कष्टों से रहित है। किसी फल के लिए प्रयत्नशील नहीं है। मुझे अतिशय प्रिय है।

- जो भक्त, ना कभी हर्षित होता है। ना शोक करता है। ना पछताता है। ना इक्षा करता है। जो शुभ तथा अशुभ दोनों प्रकार की वस्तुओं का परित्याग करता है, ऐसा भक्त मुझे अत्यन्त प्रिय है।

- जो भक्त, मित्रों तथा शत्रुओं के लिए समान है। मान तथा अपमान, शीत तथा गर्मी, सुख तथा दुख। यश तथा अपयश में समभाव रहता है। दूषित संगति से सदैव मुक्त रहता है। जो सदैव मौन और किसी के वस्तु से संतुष्ट रहता है।

- जो किसी प्रकार के घर बार की परवाह नहीं करता, जो ज्ञान में दृढ़ है, जो भक्ति में संलग्न है, ऐसा पुरुष मुझे अत्यंत प्रिय हैं।

- जो भक्त भक्ति के अमरपथ पर अनुसरण करते हैं तथा मुझे ही अपना चरम लक्ष्य बनाकर श्रद्धा सहित पूर्ण रूप से जुड़े रहते हैं।

- ऐसा भक्तों मुझे अत्यधिक प्रिय है। कृष्ण भावनामृत तथा भक्ति ही भागवत प्राप्ति का श्रेष्ठ मार्ग है।

कथा

दक्षिण भारत में सुखानंद नाम का एक राजा रहता था। उसके राज्य में लक्ष्मी नारायण की प्रसिद्ध मंदिर थी। एक पुजारी सदैव श्री नारायण सेवा में तत्पर रहता था। इस पुजारी को एक बार स्वप्न में श्री नारायण गरुड़ पर सवार होकर आए और बोले तुमसे प्रसन्न हूं।

प्रेरणा – गीता से

क्या कामना है? भगवान ने पुजारी से कहा – तुम नित्य 12वें अध्याय का पाठ करो। तेरी संपूर्ण कामना पूरी होगी और तू इस नगरी का राजा बनेगा। भगवान अंतर्ध्यान हो गए उस देश के राजा का कोई संतान नहीं था। राजा उसके घर चल कर आया और विप्र को बोला तुम राज करो। मैं तप को जाता हूं। इस प्रकार पुजारी राजा बन गया। इस प्रकार भागवत गीता के 12 अध्याय के श्लोक 1 से लेकर 26 तक भक्ति का हृदयग्राही वर्णन है। श्लोक 1 में भगवान कहते हैं –

भय्यावेश्य मनो च माम्।

मुझ पर मन को स्थिर करके, ये तू धर्मामृतम् उद नित्यसेवा इस धर्म का – भगवान अपने पास पहुंचने का दिव्य सेवा की विधियाँ की सुंदर व्याख्या किए हैं।

भक्ति में आत्म साक्षात्कार विधि ही सर्वोत्तम मानी गई है।

॥ॐ -- ॐ॥

अध्याय – 8

प्रकृति / पुरूष / चेतना में भेद

अध्याय–08

अध्याय 13 भागवत गीता में प्रकृति, पुरूष, क्षेत्र एक क्षेत्रज्ञों एवं ज्ञान एवं ज्ञेय के विषय में बतलाया है

- भगवान कहते हैं कि यह शरीर क्षेत्र (field) और इस शरीर को जानने वाला क्षेत्रज्ञ (individual soul) है।
- शरीर बद्धजीव के लिए कर्म क्षेत्र है।
- बद्धजीव इस संसार में बंधा हुआ है और भौतिक प्रकृति पर अपना प्रमुख प्राप्त करने का यत्न करता रहता है।
- शरीर इंद्रिय से बना है।
- ज्ञाता शरीर से भिन्न है।
- भगवान कहते हैं, मैं समस्त शरीर में ज्ञाता भी हूं और शरीर तथा उसके ज्ञाता को जान लेना ज्ञान कहलाता है।
- शरीर में दो आत्माएं होती हैं आत्मा और परमात्मा।
- आत्मा परमात्मा को पृथक–पृथक समझना ही ज्ञान है।
- दोनों ज्ञाताओं में एक अच्युत है तो दूसरा च्यूत।
- परमात्मा कर्मक्षेत्र तथा विशिष्ट भोगता दोनों का नियामक है।

कर्म क्षेत्र क्या है?

- इस संबंध में भागवत गीता के अध्याय 13/4 में वर्णन है कि दोनों क्षेत्र और क्षेत्रज्ञ तथा कर्मक्षेत्र के बारे में भेद तथा ऋषियों ने बहुत से विचार रखे हैं।

- ब्रह्मसूत्र के पदों का वर्णन भागवत गीता में उद्धरण किया गया है।
- पांच महाभूत – अहंकार, बुद्धि और मूल प्रकृति तथा दस इंद्रियों एक मन पांच इंद्रियों के विषयक अर्थात शब्द, स्पर्श, रूप, रस और गन्ध है।
- श्रेष्ठता के अभिमान का अभाव।
- दम्माचरण का अभाव।
- किसी भी प्राणी को किसी प्रकार भी ना सताना (Nonviolense)
- क्षमाभाव (Forbearance)
- मन–वाणी आदि की सरलता (Upright rises of speech and mind)
- श्रद्धा भक्ति सहित गुरु की सेवा (Devout service of the perception)
- बहर–भीतर की शुद्धि (Internal and external purity)
- अंतःकरण की स्थिरता (Steadfastness of mind and control of body)
- मन इंद्रियों सहित शरीर का निग्रह (mind and the senses)
- इस लोक और परलोक के संपूर्ण लोगों में आसक्ति का अभाव
- अहंकार का अभाव (absence of egotism)
- जन्म, मृत्यु, जरा और रोग आदि में दुख।
- दोषों का बार बार विचार करना।
- पुत्र, स्त्री, धर और धान आदि में आसक्ति का अभाव। (Absense of attachment and the sense of mineness in respect of son, wife.)
- ममता का ना होना तथा प्रिय और अप्रिय की प्राप्ति में सदा चित्र का सम (एक जैसा) रहना।

(Constant equipoise of kind both in honourable and unfavourable air conflating)

- श्री कृष्ण मैं अनन्य योग के द्वारा अव्यभिचारिणी भक्ति (Conflicting devotion and exclusive attachment)
- एकांत और शुद्ध देश में Secluded and Copy Place और अशुद्ध समुदाय में प्रेम ना होना (delight in the company of worldly people)
- अध्यात्मज्ञान में नित्यस्थिति (Self knowledge)
- तत्वज्ञान (the knowledge) के अर्थ रुक परमात्मा को देखना।
- यही ज्ञान है और उसके विपरीत अज्ञान।
- उपरोक्त जानने योग्य बातें ज्ञात कर मनुष्य परमानंद (Supreme Bliss) का अनुभव करता है।
- यह अनातिवाला परमह्मम न सत है न असत है।

परमात्मा का वर्णन

भगवत गीता के 13वें अध्याय के 13वें श्लोक में वर्णन है कि–

- भगवान सब ओर हाथ पैर वाला वाला, सब और नेत्र, सीर और मुख वाला, तथा सब ओर कान वाला है।
- भगवान सभी वस्तुओं में व्याप्त होकर अवस्थित है (Slaves pervading all the universe)
- परमात्मा संपूर्ण इंद्रियों के विषय को जानने वाले मूल स्रोत है।
- परमात्मा इंद्रियों से रहित है।

प्रेरणा – गीता से

- परमात्मा संपूर्ण जीवो के पालनकर्ता होकर भी अनासक्त (unattached) है।
- भगवान प्रकृति के गुणों से परे हैं फिर भी वे प्रकृति के समस्त गुणों के स्वामी हैं।
- भगवान परम सत्य है, जड़ तथा संगम समस्त जीवो के बाहर भीतर स्थित है।
- अति सूक्ष्म होने के कारण वे भौतिक इंद्रियों द्वारा जानने से परे है।
- परमात्मा अत्यंत दूर रहते हैं किंतु हम सभी जीवो के निकट भी हैं।
- ऐसा प्रतीत होता है कि परमात्मा जिवो के मध्य विभाजित प्रतिकाल है। लेकिन वह कभी विभाजित नहीं है। वह एक रूप में स्थित है।
- परमात्मा प्रत्येक जीव का पालनकर्ता, संहारकर्ता और जन्मदाता भी है।
- परमात्मा समस्त ज्योतियों के ज्योति है।
- परमात्मा माया से अत्यंत परे है।
- परमात्मा वह स्वरूप जानने के योग्य एवं तत्वज्ञान (real wisdom) से प्राप्त करने योग्य है
- परमात्मा सबके हृदय में विशेषज्ञ में स्थित (Abiding in the tears of all) है।
- प्रकृति और पुरुष दोनों अनादि है as beginningless
- राग द्वेष रूपि विकार तथा त्रिगुणात्मक सम्पूर्ण पदार्थ प्रकृति से ही उत्पन्न होती है।
- कार्य और कारण भी प्रकृति से उत्पन्न होती है।

- जीवात्मा सुख दुख भोगने का उत्तरदायी कहा जाता है।
  Responsible for the experience of joys and sorrows
- पुरुष प्रकृति में स्थित गुणात्मक पदार्थों को भोगता है और उन गुणों के संग ही उस जीवात्मा के अच्छी बुरी योनियों में जन्म लेने के कारण है।
- कहा गया है कि जीव का 84 योनियाँ है। पुर्णजन्म में जीव कर्म के अनुसार कहीं भी जन्म ले सकता है।
- इस देह में स्थित आत्मा वास्तव में परमात्मा है।
- वह साक्षी है, अनुमति देने वाले स्वामी हैं, परम भोक्ता ही शरीर आत्मा परमात्मा है।
- जो व्यक्ति प्रकृति, जीव तथा प्रकृति के गुणों के अंतःक्रिया से संबंधित इस विचार को समझ लेता है। उसे मुक्ति मिल जाती है, पुनर्जन्म नहीं होता है।
- भगवान कहते हैं कि –
  - संसार में कुछ लोग परमात्मा को ध्यान द्वारा अपने भीतर देखते हैं।
  - कुछ ज्ञान के अनुच्छेद द्वारा परमात्मा को देखते हैं।
  - कुछ निष्काम कर्म योग द्वारा भी भगवान को देखते हैं।
  - कुछ लोग ऐसे भी होते हैं जो आध्यात्मिक ज्ञान से अवगत नहीं होते परंतु उसे सुनकर पूजा करते हैं।
  - प्रमाणिक पुरुषों में श्रवण करने की मनोवृति होने के कारण।
  - ऐसे लोग की जन्म मृत्यु के पथ को पार कर जाते हैं।

एक कथा – ताज बेगम

अकबर की मुस्लिम पत्नी ताज बेगम श्री कृष्ण के अनन्य भक्त थी। उनके भक्ति से प्रसन्न होकर भगवान श्री कृष्ण को स्वयं दर्शन देने अपने मंदिर के पास जाना पड़ा था। बृज में आज भी उनकी समाधि बनी है। उनके भक्ति के कविताएं, छंद और घमार पुष्टिमार्गीय मंदिरों में गाए जाते हैं। 3 फरवरी को मथुरा में ताज बीबी का समाधि विरान वन में उत्सव कार्यक्रम का आयोजन होता है।

- भगवान अध्याय 13/26 में कहते हैं। संसार में जितने भी चर–अचर स्थावट संगम (moving on unmoving being) ह` वह क्षेत्र और क्षेत्रज्ञ matter and spirit के संयोग होते हैं।
- जो व्यक्ति सत्संगती से शरीर का स्वामी या आत्मा तथा आत्मा के मित्र को एक साथ देखता है वही सर्व ज्ञानी है animate and inanimate
- भगवान कहते हैं कि जो व्यक्ति परमात्मा का सर्वत्र तथा प्रत्येक जीव में समान रूप से विद्यमान देखता है, अपने द्वारा अपने को नष्ट नहीं करता करता है।
- वह परमगति को प्राप्त करता है attains the supreme state
- जो व्यक्ति सारे कार्य शरीर द्वारा संपन्न मानता है, जिसकी उत्पत्ति प्रकृति से हुए हैं और जो देखता है कि आत्मा कुछ भी नहीं करता है।
- वही व्यक्ति यथार्थ में देखता है।
- विवेकवान व्यक्ति विभिन्न जीव भौतिकी शरीर के कारण विभिन्न स्वरूपों को देखना छोड़कर यह देखना आरंभ कर देता है कि किस प्रकार जीव सर्वत्र फैले हैं।
- वह ब्रह्मबोध या सच्चिदानंदधन ब्रह्म को प्राप्त हो जाते हैं।

प्रेरणा – गीता से

- अनादि और निर्गुण होने के कारण या अविनाशी परमात्मा शरीर में स्थित है। परन्तु न कुछ करता है और न लिप्त होता है।
  Does nothing nor gets tainted

- जिस प्रकार आकाश सर्वत्र व्याप्त है परन्तु सूक्ष्म होने के कारण लिप्त नहीं होता।

- उसी तरह आत्मा निर्गुण होने (attributeless) के कारण देह के गुणों में लिप्त नहीं होता।

- जिस तरह एक सूर्य संपूर्ण ब्रह्मांड को प्रकाशित करता है।

- उसी प्रकार एक ही आत्मा spirit संपूर्ण क्षेत्र (देह field) को प्रकाशित करती है।

- जो व्यक्ति क्षेत्र-क्षेत्रज्ञ के भेद तथा कार्य सहित प्रकृति से मुक्त होने के उपाय ज्ञानं नेत्रो द्वारा तत्व से जानते हैं, वह महात्मा परमब्रह्म को प्राप्त होते हैं।

૱ -- ૱

अध्याय – 9

त्रिगुणात्मक ज्ञान

Three Gunas

प्रेरणा – गीता से

अध्याय-09

भगवान भगवत गीता के 14वें अध्याय में प्रकृति के तीनों गुणों की व्याख्या बड़े सूक्ष्म व विस्तार से करते हैं

- भगवान कहते हैं कि इस परम ज्ञान को जानकर सब मुनि जन इस संसार से मुक्त होकर परम सिद्धि (mundane existence) का प्राप्त हो जाते हैं।
- इस ज्ञान का आशय करके या धारण कर पुरुष मेरे स्वरूप को प्राप्त होते हैं।
- ऐसा पुरुष नहीं श्रृष्टि के आदि में पुनः उत्पन्न होते न ही प्रलय काल में व्याकुल होते हैं।
- मनुष्य जब दिव्य ज्ञान प्राप्त कर लेता है तो परमात्मा से गुणात्मक समता प्राप्त कर लेता है।
- जन्म मरण के चक्र से मुक्त हो जाता है।
- जीवात्मा का स्वरूप समाप्त नहीं होता।
- मुक्त आत्माएं बैकुंठ लोक जाते हैं।
- वह निरंतर परमेश्वर के चरण कमलों में प्रेमभक्ति से लगी रहती है।
- भौतिक जगत के दिव्य ज्ञान प्राप्ति पश्चात मनुष्य आध्यात्मिक जगत पहुंचता है।
- आध्यात्मिक जगत को ही चिन्मय आकाश कहते हैं।
- भगवान कहते हैं कि
  - ब्रह्म नामक समग्र भौतिक वस्तु जन्म का स्रोत है यानि

- महज ब्रह्मरूप मूल प्रकृति संपूर्ण जीवो की योनि है अर्थात गर्भाधान का स्थान है Womb of all creatures in my primordial nature.
- मैं इस योनि में चेतन समुदाय गर्भ को स्थापना करता हूं।
- इस जड़ चेतन के संयोग से सब भूतों की उत्पत्ति होती है I place the seed of all life. The creature of all being follows from that union of matter and spirit.

* भगवान कहते हैं कि
  - नाना प्रकार के सभी योनियों में जितने मूर्तियां अर्थात शरीर धारी प्राणी उत्पन्न होते हैं
  - प्रकृति उन सब के गर्भधारण करने वाली माता है और मैं बीज का स्थापना करने वाला पिता हूं

    Conceiving mother and while I am the seed giving father.
* सत्वगुण Sattva
* रजोगुण Rajas Gunas
* तमोगुण Tamas Gunas
* भगवत कहती है कि उपरोक्त तीनों गुणों की जननी प्रकृति है।
* यह तीनों गुण अविनाशी जीवत्मा को शरीर से बांधता है (Tiedown)
* सत्वगुण –
  - यह गुण निर्मल होने के कारण प्रकाश करने वाला और विकार रहित है
  - यह सुख के संबंध में और ज्ञान के संबंध से है।

    Attachment to happiness and knowledge

- ऐसा मनोवृति का पुरुष ज्ञान में आगे और अन्यों की अपेक्षा श्रेष्ठ है।
- सतोगुणी पुरुष को भौतिक कष्ट इतना पिड़ीत नहीं करते है।
- उन्हें भौतिक ज्ञान प्रगति करने की सूझबूझ रहती है।
- पाप कर्मों से मुक्त रहता है।
- उसके प्रतिनिधि – ब्राह्मण, वैज्ञानिक तथा दार्शनिक एवं कवि होते हैं।
- उन्हें अपने ज्ञान पर गर्व होता है क्योंकि ये अपने रहन–सहन का स्तर सुधार लेते हैं।
- यह कर्म के प्रति आकृष्ट रहते हैं और कर्म के कारण उनका आकर्षण बना रहता है।
- उन्हें मुक्ति या बैकुंठ जाने की चिंता नहीं रहती है ये बारंबार जन्म मृत्यु के दोषों में बंधते रहते हैं।
- ये माया मोह के कारण जीवन को आनंप्रद समझते हैं।

- रजोगुण – रजोगुण की उत्पत्ति असीम आकांक्षाओं तथा तृष्णाओं (passion desire and attachment) से होती है।
  - रजोगुणी जीवात्मा को कर्मों और उनके फल से बाँधता है It binds the soul through attachment to actions and their fruit.
  - भागवत गीता एवं वैदिक साहित्य गीता के अनुसार आधुनिक सभ्यता में रजोगुण का मानदंड उपाय है।
  - सारा संसार ही न्युनाधिक रूप से रजोगुणी है।
  - मनुष्य कर्मफलों से संबद्ध होकर ऐसे कर्मों से बंध जाता है जैसे – परिवार, समाज या राष्ट्र सम्मान प्राप्ति की चाहत रखता है।
  - रजोगुणी व्यक्ति भौतिक योग के लिए लालायित रहता है।

- रजोगुणी जीव विपरीत लिंग जीव के प्रति आकर्षित हो जाता है।
- हमेशा इंद्रियतृप्ति चाहता है।

- तमोगुण – भगवत गीता अनुसार, अज्ञान से उत्पन्न तपोगुण समस्त देहधारी जीवों का मोह से (delude of all these) उत्पन्न है।
- यह जीवात्मा को प्रमाद, आलस्य और निद्रा से बाँधता है।
- तमोगुणी अधोगति को प्राप्त होता है।
- अज्ञान के वशीभूत होकर रहता है।
- ये अध्यात्मिक ज्ञान की कोई उन्नति नहीं कर पाते।
- ऐसे लोग बहुत आलसी होते हैं।
- आवश्यकता से अधिक सोचते हैं।
- तपोगुणी सदैव निराश प्रतीत होते हैं।
- भगवान कहते हैं कि –
    - सतोगुणी मनुष्य सुख से बँधकर प्रफुल्लित होता है Joy
    - रजोगुणी सकाम कर्म में Acting
    - तमोगुणी ज्ञान ढककर प्रमाद में रहता है (Impels One)
- भागवत गीता व्याख्या करती है कि तीनों गुणी में श्रेष्ठता के लिए निरंतर प्रतिस्पर्धा चलते रहती है।
- जब शरीर में अंतःकरण और इंद्रियों में चेतना और विवेक शक्ति उत्पन्न होने लगे समझना चाहिए सतोगुण शरीर में प्रवाहित है शरीर में 9 द्वार हैं दो आंख दो कान दो नथुनी खुदा और उपस्थित जब सभी द्वार सत्य के लक्षण से दीक्षित हो समझना चाहिए सत्व गुण है Prevails overpowering

- जब व्यक्ति अत्यधिक आसक्ति साकाम कर्म गहन उद्यम तथा अनियंगित इच्छा एवं लालसा के कारण प्रकट हो, समझना चाहिए रजोगुण व्याप्त है।

  Nature of passion, born of desire and attachment.

- जब व्यक्ति के इंद्रियों में अंधेरा पड़ता, प्रभुता और मोह प्रकट होने लगे तो समझो तपोवन शरीर में प्रभावी है।

- भागवत गीता कहता है कि –
  - श्रेष्ठ कर्म तो सात्विक अर्थात सुख ज्ञान और वैराग्य इत्यादि निर्मल फल है।
  - राजस कर्म का फल दुख है।
  - तामस कर्म का फल ज्ञान है।
  - सत्वगुण से ज्ञान उत्पन्न होता हैं
  - रजोगुण से लोभ होता है।
  - तपोगुण से प्रमाद और मोह उत्पन्न होता है।
  - सत्वगुणी स्वर्गलोक या उच्चलोक इत्यादी।
  - रजोगुणी मध्य अर्थात मनुष्य लोभ में ही रहते हैं।
  - तपोगुणी – कार्यानुसार निंद्रा प्रमाद, आलस्य से अधोगति अर्थात कीट, पशु आदि नीच योनियों में जाते हैं।
  - जब व्यक्ति यह जान लेता है समस्त कार्यों में प्रकृति के तीनों गुणों के अतिरिक्त कोई कर्ता नहीं है। परमेश्वर तीनों गुणों से परे है। मनुष्य जब यह जान लेता है तो वह भगवान श्री कृष्ण के दिव्य स्वरूप को प्राप्त कर लेता है। When the discerning person sees no one as does other than the three Gunas, and realizes me, the supreme spirit standing entirely beyond these Gunas. The entire in the my being.

प्रेरणा – गीता से

- जब जीवधारी इस भौतिक शरीर से संबंध उन तीनों गुणों को लांघने में समर्थ हो जाता है। तब वह जन्म, मृत्यु, बुढ़ापा तथा कष्टों से मुक्त हो जाता है।
- इसी जीवन में अमृत का भोग कर सकता है।

   The embodied soul attains supreme bliss

- अर्जुन भगवान से प्रश्न करते हैं कि इसके अलावा कोई उपाय है ? प्रकृति के तीनों गुणों से परे होने का ?
- अध्याय 14 के श्लोक 22, 23, 24 एवं 25 में भगवान कहते हैं –

    - जो प्रकाश (सत्य) आसक्ति (रज) और मोह (रज) में किसी में होने या ना होने पर घृणा करता है।
    - विलुप्त होने पर ना इच्छा करता है।
    - भौतिक गुणों का उन समस्त प्रतिक्रियाओं से निश्चल तथा अविचलित रहता है।
    - वह जानता है कि केवल गुण ही क्रियाशील है।
    - उदासीन तथा दिव्य बना रहता है।
    - अपने आप में स्थित रहकर दुख-सुख को एक समान मानता है।
    - मिट्टी के ढेले, पत्थर एवं सोने के टुकड़ों को समान दृष्टि से देखता है।
    - समय अनुकूल या समय प्रतिकूल के प्रति समान बना रहता है।
    - जो धीर है प्रशंसा तथा बुराई, मान एवं अपमान में समान भाव रखता है।
    - जो मित्र एवं शत्रु के साथ समान व्यवहार करता है।

प्रेरणा – गीता से

- जिसने सारे भौतिक कार्यों का परित्याग कर दिया है।
- भगवान कहते हैं कि उपरोक्त व्यक्ति गुणातीत यानि प्रकृति के तीनों गुणों से परे है।
  To have rises above the three Gunas
- भगवान कहते हैं कि इस अतिरिक्त भी जो साधक बिना विचलित हुए भक्तियोग से परमात्मा का निरंतर सेवा में रत रहता है, वह प्रकृति के तीनों गुणों को लांघ कर ब्रह्मपद तक पहुंच जाता है।
- भागवत गीता के 14/27 में भगवान कहते हैं, मैं ही उस निराकार ब्रह्मज्योति का आश्रय हूं तथा निश्चित रूप या निश्चय ही मैं अमर्त्य का, अविनाशी का, शाश्वत, स्वरूप तथा सुख का चरम या अंतिम पड़ाव भी हूं।
  I am the substratum of the imperishable Brahma of immortality of the eternal Dharma and of unending immutable bliss.

रसखान की कथा

रसखान का मूल नाम सैयद इब्राहिम था। वह दिल्ली के आसपास के रहने वाले मुस्लिम पठान थे। मतानुसार उनका जन्म 1508 ई0 में हुआ था, उन्होंने कृष्ण भक्ति का बेमिशाल उदाहरण प्रस्तुत किया। जिसमें कोई धर्म, जाति, पंथ का बैरियर बंधन नहीं था।

उन्होंने गोस्वामी विठ्लनाथ से दीक्षा ग्रहण की और बृजभूमि में बस गए। वह कवि थे। दोहा बृजभाषा में किया। श्रीमद्भगवत का फारसी में अनुवाद किया।

उनके प्रसिद्ध दोहे हैं

- प्रेम प्रेम सब कोई कहत, प्रेम न जानत कोई।
- जो जन जाने प्रेम तो, मेरे जगत क्यों रोई।
- प्रेम हरी को रूप है, त्यों हरि प्रेम स्वरूप एक होई है यो लसै, ज्यों सूरज अरू धूप।
- य वल्लभ संप्रदाय के सदस्य थे।
- शक्ति और श्रृंगार रस दोनों प्रधानता से मिलती है।
- रसखान सगुण कृष्ण की सारी लीलाएं की व्याख्या काव्य रूप में करते हैं। मथुरा जिले में महावन में उनकी समाधि है।
- यह अकबर के समकालीन थे।
- उनके प्रमुख कृति में
  या लकुटी अरु कामरिया पर
  राज हिंदुपुर को द्वारा।
  तिंहु तजि दारों हैं।।

अध्याय - 10
पुरूषोत्तम योग

अध्याय-10

भागवत गीता के पन्द्रहवें अध्याय का कुछ विद्वानों ने पुरूषोत्तम योग की संज्ञा दी है।

- 15/1 में भगवान कहते हैं कि एक शाश्वत श्रवस्थ (पीपल वृक्ष) है जिसकी जड़े उपर की ओर है और शाखाएं नीचे की ओर है।
- वृक्ष की पत्तियों वैदिक स्त्रोत है।
- जो इस वृक्ष को जानता है वह वैदिक ज्ञाता है।
- वृक्ष की शाखाएं उपर तथा नीचे फैली है और प्रकृति के तीन गुणों से पोषित हैं।
- उसकी टहनियों इन्द्रिय विषय है।
- इस वृक्ष की जड़ नीचे की ओर भी जाती हैं जो मानव समाज के सकाम कर्मों से बन्धी हैं।
- वृक्ष की शाखाएं चतुर्दिक फैली है।
- निचले भाग में जीवों का विभिन्न योनियों यथा मनुष्य, पशु, घोड़े, गाय, कुत्ते, बिल्लियों इत्यादि है।
- उपरी भाग में जीवों की उच्च श्रेणियों यथा देव, गन्धर्व।
- इस वृक्ष का वास्तविक स्वरूप का अनुभव इस जगत में नहीं किया जा सकता।
- इसका आदि अंत भी ज्ञात नहीं कर सकता।
- यदि मनुष्य चाहे तो उस दृढ मूल वाले वृक्ष को विरक्ति के शास्त्र से काट गिराये।

प्रेरणा – गीता से

- वह ऐसे धाम को खोज में तत्पर रहे कि जहाँ से लौटकर नहीं आना पड़ता है।

- जहाँ से अनादि काल से प्रत्येक वस्तु का सूत्रपात व विस्तार होता आया है।

- वास्तविक रूप से ऐसा कोई वृक्ष नहीं देखने मिलता है, परंतु बड़े जलाशयों के किनारे जल में प्रतिबिंब वृक्ष उल्टा ही दिखाई दिखता है।

- भगवान कहते हैं कि मेरा धाम, झूठी प्रतिष्ठा, मोह तथा कुसंगति से मुक्त है।

- शाश्वत तत्व को जो समझते हैं, जिन्होंने भौतिक काम नष्ट कर दिया है, जो सुख-दुख के द्वंद से मुक्त हैं।

- मोहरहित परम पुरुष के शरणागत होना चाहते हैं, वह शाश्वत राज्य को प्राप्त होते हैं।

- स्वयं प्रकाशित परमपद को ना सूर्य प्रकाशित करते हैं, ना चंद्रमा की रौशनी और ना अग्नि की है। वही मेरा परमधाम है। Supreme abode

- मनुष्य देह में यह सनातन जीवात्म परमात्मा का अंश है और मन के अतिरिक्त का पांचों इंद्रियों का आकर्षण है।

- जैसे वायु गंध को एक स्थान से दूसरे स्थान को जाता है, वैसे ही जिवात्मा भी एक शरीर को त्याग कर दूसरे शरीर में प्रवेश करता है।

- यह जीवात्मा श्रोत्र (hearing), चक्षु (sight), त्वचा (touch), रसना (taste), घ्राण (smell), मन (mind) को सदा ही विषयों का सेवन करता है।

- शरीर छोड़ जाते हुए, शरीर में स्थित अथवा विषयों को भोंगते हुए भी अज्ञानीजन नहीं जान सकते।
- केवल ज्ञानरूप नेत्रोवाले विवेकशील ज्ञानी ही तत्वज्ञान से जानते हैं।
- यत्र आत्म साक्षात्कार के प्रयास करने वाला योगीजन जल्दी अपने हृदय में स्थित इन आत्मा को तत्व से जानते हैं।
- परंतु जिन्होंने अपने अंतःकरण को शुद्धि नहीं किया है, वैसे अज्ञानीजन यत्न करने पर भी उस आत्मा को नहीं जान सकते।
- आगे भगवान अध्याय 16/12 में कहते हैं–
    - सूर्य में स्थित जो तेज, जिससे जगत प्रकाशित हो रहा है, वह तेज मेरा ही जान।
    - चंद्रमा और अग्नि के प्रकाश भी मेरा है।
    - मैं पृथ्वी में प्रवेश कर अपनी शक्ति से सब जीवों को धारण करता हूं और रसस्वरूप अर्थात अमृत में चंद्रमा होकर संपूर्ण औषधियाँ और वनस्पतियों को पुष्ट करता हूं।
- भगवान कहते हैं कि
    - मैं ही सब प्राणियों के शरीर में स्थित प्राण, अपान, पाचन, अग्नि हूं तथा अन्न पचाता हूं।
    - आयुर्वेद शास्त्र के अनुसार अमाशय में अग्नि होती है।
    - परमेश्वर का अंश अमाशय में विद्यमान रहती है।
    - भगवान अन्न उत्पन्न करते हैं और पचाते भी हैं।
    - भगवान शब्द के भीतर, शरीर के भीतर, वायु के भीतर और पाचन शक्ति के भीतर अवस्थित है।
    - अन्न चार प्रकार के होते हैं –
        - जो निकल जाते (पेय)
        - जो चढ़ाए जाते (भोज्य)

- जो खाए जाते (लेघ्य)
- जो चुसे जाते (चोष्य)

○ सभी प्रकार अन्न के पाचक शक्ति भगवान हैं

○ भगवान कहते हैं कि मैं

- मैं प्रत्येक जीव के हृदय में आसीन हूं।
- मुझसे ही स्मृति, ज्ञान तथा विस्मृति होती है।
- वेदों द्वारा जानने योग्य परमात्मा मैं हूं।
- वेदांत का संकलनकर्ता मैं हूं।
- समस्त वेदों को जानने वाला हूं।
- चारों वेदों, वेदान्त सूत्र, उपनिषद एवं पुराणों के समेत सारे वैदिक साहित्य में परमेश्वर की कीर्तिगान हूँ।
- वैदिक दर्शन व्याख्या, उद्देश्य में, भगवान को जानना है, सिद्धि प्राप्त करना होता है।
- वैदिक साहित्य ज्ञान से भगवान के साथ अपने संबंध समझा जा सकता है।
- अतः भागवत गीता के श्लोक 15/15 वेदों के प्रयोजन, वेदों के ज्ञान तथा वेदों के लक्ष्य को परिभाषित करने का उद्देश्य बताए हैं।
- जीव दो प्रकार होते हैं – च्यूत और अच्यूत।
- भौतिक जगत में प्रत्येक जीव च्युत (क्षर) है।
- आध्यात्मिक जगत में प्रत्येक जीव अच्युत (अक्षर) है।
- इन दोनों के अतिरिक्त एक परम पुरुष परमात्मा है। अविनाशी है, साक्षात भगवान है।
- तीनों लोकों में प्रवेश कर उनका पालन करते हैं।
- भगवान चूँकि क्षर तथा अक्षर दोनों से परे हैं, सर्वश्रेष्ठ हैं।

प्रेरणा – गीता से

- श्रीकृष्ण कहते हैं, मैं इस जगत में वेदों वेदों में परमपुरुष के रूप में विख्यात हूँ।

  I am known as the purushottam the supreme self in the world as well as in the Vedas

- जे ज्ञानी पुरुष तत्व ज्ञान से मुझको पुरुषोत्तम जानता है। वह मुझ वासुदेव परमेश्वर रूप मुझको ही भजता है।

रीतिकाल में बहुत ऐसे कवि हुए जो मुस्लिम होते हुए कृष्ण के भक्ति में सराबोर थे। आलम शेख इसमें प्रमुख नाम है। इसलिए कहा जाता है कि श्री कृष्णा हर मजहब के कृष्ण थे। आलमशेख औरंगजेब के पुत्र बहादुर शाह प्रथम के समकालीन थे। बृजभासी कवि थे और उनकी रचनाएं आलम केली बहुत प्रसिद्ध थे। और कृष्ण भक्ति से भरपूर थी।

लखनऊ के अंतिम अवध नवाब वाजिद अली शाह की कृष्ण भक्ती का उल्लेख कई इतिहासकारों ने किया है। लखनऊ का तहजीब और संगीत। ललित कला के शौकीन नवाब के दरबार में रामकृष्ण लीला नाटक का मंचन और होली की उत्सव होती थी। कृष्ण भक्ति के कई रचनाएं उनके नाम दर्ज हैं।

॥ ॐ -- ॐ ॥

अध्याय – 11
दैवीय और आसुरी स्वभाव

Divine endowments & Demoniac Disposition

प्रेरणा – गीता से

दैवीय और आसुरी स्वभाव का वर्णन Divine endowments & demoniac disposition

भगवान श्री कृष्ण द्वारा अध्याय 16 में दैवीय और आसुरी शक्तियों का वर्णन अलग-अलग रूप में किया गया है।

दैवीय शक्ति

भगवान कहते हैं कि जिस व्यक्ति के अंदर

- भय का सर्वथा अभाव
- अंतःकरण पूर्ण निर्मल
- तत्व ज्ञान प्राप्ति हेतु ध्यान योग में निरंतर दृढ़ प्रयास।
- सात्विक दान की प्रवृत्ति।
- इंद्रियों का दमन करने वाला।
- भगवान देवता और गुरुजनों की निरंतर पूजा।
- अग्नि क्षेत्र आदि उत्तम कार्यों का आचरण।
- वेद शास्त्रों का निरंतर पठन-पाठन।
- भगवान के नाम और गुणों का कीर्तन।
- स्वधर्म पालन के लिए कष्ट सहना।
- इंद्रियों सहित अंतःकरण की सरलता।
- मन, वाणी और शरीर से किसी प्रकार से किसी को कष्ट ना देना।
- यथार्थ और प्रिय वचन।
- अपना विरोध करने वाले पर भी क्रोध का ना होना
- कर्मों में कर्तापन के अभिमान का त्याग।

- अंतःकरण की उपरति।
- चित्त की चंचलता का अभाव।
- किसी की भी निंदादि न करना।
- सब जीव प्राणियों में हेतु रहित दया।
- इन्द्रियों का विषयों के साथ संयोग होने पर भी उसमें आसक्ति न होना।
- कोमलता, लोक तथा शास्त्र से विरूद्ध आचरण में लज्जा और व्यर्थ चेष्टाओं का अभाव।
- तेज, क्षमा, धैर्य, बाहर की शुद्धि।
- किसी में भी शत्रुभाव का न होना।
- अपने में पूज्यता का अभिमान का अभाव।

  absence of self esteem

उपरोक्त लक्षणवान पुरूष दैवी सम्पदा लेकर उत्पन्न होते हैं।

उपरोक्त 24 गुण दिव्य हैं। वर्णाश्रम धर्म के अनुसार उनका आचरण होना चाहिए।

सामान्य लोग भी इन गुणों का अभ्यास करें तो आध्यात्मिक अनुभूति के सर्वोच्च पद पर पहुंच सकते हैं।

दैवीय गुण मोक्ष प्राप्ति के लिए है।

- आसुरीगुणी – भगवान कहते हैं कि दम्य, घमंड और अभिमान, क्रोध, कठोरता और अज्ञान सभी आसुरी संपदा लेकर उत्पन्न पुरूष के लक्षण हैं।
- आसुरी स्वभाव वाले मनुष्य प्रवृत्ति और निवृत्ति दोनों को नहीं जानता।
- उनमें बाहर भीतर की शद्धि नहीं रहती है।

प्रेरणा – गीता से

- न श्रेष्ठ आचरण न सत्यभाषण के होते हैं।
- ऐसे लोग कहते हैं कि यह जगत मिथ्या है उसका कोई आधार नहीं है।
- उसका नियमन किसी ईश्वर द्वारा, नहीं होता है।
- वे सोचते हैं कि यह कामेच्छा से उत्पन्न हुए हैं। काम के अतिरिक्त कोई कारण नहीं है।
- आसुरी भाव के लोग, अपना आत्मज्ञान खोकर बुद्धिहीन एवं अनुपयोगी एवं भयावह कार्यो में प्रवृत होते हैं।
- संसार का विनाश के लिए कार्य करते हैं।
- कभी ना संतुष्ट होने वाले काम का आश्रय लेकर गर्व के मद एवं मिथ्या प्रतिष्ठा में डूबे रहते हैं।
- आसुरी लोग इस मोह ग्रस्त एवं सदैव क्षणभंगुर वस्तुओं द्वारा अपवित्र कर्म का व्रत लेते रहते हैं।
- उनका मत छोटा इंद्रिय तुष्टि ही मानव सभ्यता की मूल है।
- अंत समय तक चिंतित रहते हैं।
- लाखों इच्छाओं के जाल में बंधकर काम और क्रोध में लीन होकर इंद्रिय तृप्ति के लिए।
- अवैध ढंग से धन संग्रह करते हैं।
- असुर शक्ति वाले धन संग्रह में बाधक को अपना शत्रु समझते हैं।
- शत्रु को मारने में गुरेज नहीं करते।
- वे समझते सभी वस्तुओं का स्वामी और भोक्ता हूं।
- मैं ही सिद्ध, शक्तिमान तथा सुखी हूं।
- मैं सबसे धनी व्यक्ति हूं।
- मेरे आसपास मेरे कुलीन संबंधी है।

प्रेरणा – गीता से

- मेरे सामान शक्तिशाली और सुखी कोई नहीं है।
- मैं यज्ञ करूंगा।
- दान दूंगा और इस प्रकार आनंद मनाऊँगा।
- अज्ञानता तथा मोह में फंसे रहते हैं।
- ये नरक में गिरते हैं।
- आसुरी की प्रवृत्ति के लोग ईर्ष्यालु, क्रूर और नराधम होते। बराबर असुरी योनियों में ही भवसागर उन्हें डालता रहता है।
- ये अधम गति को प्राप्त होते हैं काम क्रोध लोग यह तीन नरक के हाथ गात को प्राप्त होते हैं। demoniac wombs
- काम, क्रोध, लोभ (Desire, Anger, Greed) ये तीन नरक के द्वार तथा आत्मा को नाशक है अधोगति में ले जाने वाला इन्हें त्याग देना चाहिए।
- ऐसा त्यागी व्यक्ति परमगति को प्राप्त हो जाता है। (Attains the supreme goals).
- शास्त्र विधि त्याग कर मनमाना आचरण करने वाला न ही सिद्धि को ना ही परमगति को और न ही सुख को पाता है।
- नियतविधि कर्म करना शस्त्रसम्मत ही उत्तम है।

৺৶ -- ৺৶

अध्याय - 12

उच्चश्रद्धा के विभाग

प्रेरणा – गीता से

अध्याय-12

उच्च श्रद्धा के विभाग – भागवत गीता के अध्याय 17 में पूजन की श्रेष्ठ विधि :-

- अर्जित श्रद्धा की श्रेष्ठ प्रकार।
- तपस्या के प्रकार।
- व्रत करने की विधि।
- श्रेष्ठ भोजन।
- यज्ञ के भेद।
- दान के भेद, का वर्णन।

भगवान अपने मुख से किए हैं।

अध्याय 17/2 में भगवान कहते हैं –

- देहधारी जीव द्वारा अर्जित गुणों के अनुसार उसकी श्रद्धा तीन प्रकार होती है – सतोगुणी, रजोगुणी और तमोगुणी।
- सतोगुणी व्यक्ति देवताओं को पूजते हैं।
- रजोगुणी आसुर गंधर्व राक्षस को पूछते हैं।
- तमोगुणी व्यक्ति भूत प्रेतों को पूजते हैं।
- भगवान कहते हैं कि – जो लोभ, दंभ व अहंकार से अभिभूत होकर शास्त्र विरुद्ध कठोर तपस्या और कठिन व्रत करते हैं। काम और आसक्ति से प्रेरित हो शरीर के भौतिक तत्वों तथा शरीर के भीतर स्थित परमात्मा को कष्ट पहुंचाते हैं, वे मूर्ख है, असुर है।

भोजन के संदर्भ में।

- भगवत गीता में कहा गया है कि प्रत्येक व्यक्ति भोजन पसंद करता है। प्रकृति के गुणों के अनुसार भोजन तीन प्रकार के होते हैं –
- सात्विक भोजन – सत्त्विकों का प्रिय है यह आयु बढ़ाने वाला, जीवन शुद्ध करने वाला, बल, स्वास्थ्य, सुख तथा तृप्ति प्रदान करने वाला होता है।
- ऐसा भोजन उसमय, स्निग्ध, स्वास्थ्यप्रद तथा हृदय को भाने वाला होता है।
- राजसिक भोजन – अत्यधिक कड़वे, खट्टे, लवण–युक्त, बहुत गर्म, तीखे, रूखे, दाहकारक और दुख, चिंता तथा रोगों के उत्पन्न करने वाला आहार।
- गरीष्ट भोजन पदार्थ राजस पुरुष में प्रिय होते हैं।
- तामसिक भोजन – जो भोजन अधपका, रसरहित, दुर्गंध युक्त, बासी और इच्छिष्ठ अपवित्र है।
- मांसाहारी तामसिक भोजन है।

यज्ञ (Sacrifice)

- तीन तरह के यज्ञों का उल्लेख भगवत गीता अध्याय 17 में मिलता है।
- शास्त्रविधि से नियत यज्ञ करना ही कर्तव्य है। मन को शांतकर आशक्ति से यानि फल की कामना नहीं चाहने वाले पुरुषों द्वारा किया हवन भी यज्ञ है, सात्विक है।

- परंतु दंभाचरण (Sake of mere show) अथवा फल की दृष्टि में रखकर जो यज्ञ किया जाता है, वह राजसी यज्ञ है।
- परंतु बिना शास्त्र विधि से, अन्नदान के बिना, बिना मंत्र एवं बिना दक्षिणा, बिना श्रद्धा के किए जाने वाले यज्ञ तामसी यज्ञ है।

तप (Penance of the body)

- भगवत गीता में छः प्रकार के तपों का विवरण है
  - शरीर संबंधित तप
  - वाणी संबंधित तप
  - मन संबंधित तप
  - सात्विक तप
  - राजसीक पत
  - तामसीक तप
- अर्थात देवता, ब्राह्मण, गुरु और ज्ञानीजनों का पूजन। साथ ही पवित्रता, सरलता, ब्रह्मचर्य और अहिंसा का पालन, शरीर संबंधित तप है।
- जिसकी शाब्दिक वाणी ज्यादा उधेलित न करें, प्रिय व हितकर वचन करे, जो वेद शास्त्रों का पठन एवं परमेश्वर नाम जाप का अभ्यास करें – वाणी संबंधित तप कहा गया। (Penance of speech)
- मन की प्रसन्नता, शांतभाव, भगवत चिंतन करने का स्वभाव, मन का निग्रह अंतःकरण के भौतिकि भावों की भली-भांति पवित्रता – मन संबंधी तप (Austerity of the mind) कहा जाता है।

प्रेरणा – गीता से

- फल ना चाहने वाले योगी पुरुष द्वारा परम श्रद्धा से किए गए तप सात्विक कहे जाते हैं।
- जो तप सत्कार व मान बढ़ाने के लिए पूजा या अन्य किसी स्वार्थ के लिए, स्वभाव व पाखंड के लिए, क्षणिक फल वाला राजस तप कहलाता है।
- जो तप (Penance) मूढ़ता पूर्वक हठ से, मन, वाणी और शरीर की पीड़ा देने के लिए या दूसरों को अनिष्ट करने के लिए किया जाता है, वह तामस तप कहलाता है।

दान (Gift)

- दान देना एक पूण्य कर्तव्य है।
- भगवत गीता कहता है कि – दान ऐसे भाव है जिससे देश, काल और पात्र के प्राप्त होने पर उपचार न करने वाले के प्रति दिया जाता है, यानि
- दानकर्ता कर्तव्य समझकर किसी प्रत्युपकार की आशा के बिना समुचित काल तथा स्थान में योग्य व्यक्ति को दिया जाता है। वह सात्विक दान माना जाता है।
  No return is expected appropriate time, place and deserving person.
- राजस दान – जो दान प्रति उपकार या क्लेशपूर्वक, फल की इच्छा से स्वार्थपरक दान ही राजस दान है।
- तामस दान – जो दान किसी अयोग्य व्यक्ति के अपवित्र स्थान में अनुचित समय में बिना ध्यान व आदर से दिया जाता है। कुपात्र को दिया जाता है Without good grace underserving persons वह तामस दान है।

प्रेरणा – गीता से

- ॐ तत् सत् OM TAT SAT
- भगवत गीता के 17/23 में भगवान कहते हैं –
- ॐ तत् सत। भगवान के नाम है। इसी से श्रृष्टि के आदिकाल में ब्रह्मा द्वारा परमेश्वर ब्रह्म को इंगित कर वेद तथा यज्ञादि की रचना की गई थी।
- इस कारण वेद मंत्रों का उच्चारण करने वाले श्रेष्ठ पुरुषों को शास्त्रविधिक नियत यज्ञ दान और तप क्रियाएं सदा ॐ के साथ परमात्मा नाम का उच्चारण करें कर ही प्रारम्भ करना चाहिए।
- तत् शब्द यानी दान की वस्तुएं परमात्मा का है उससे यज्ञ, दान एवं तप में उच्चारण के लिए भगवान निर्देश देते हैं।
- सत् परमात्मा का सत्यभाव में उत्तम कार्य में प्रयोग किया जाता है।
- सत् यज्ञ, तप और दान में किया जाता है कि कर्म परमात्मा के लिए किया गया।
- बिना श्रद्धा के किया हुआ हवन, दान, तप या शुभकर्म है वह असत है

૭౷౧ -- ౭౷౧

अध्याय - 13
संयास सिद्धि

अध्याय-1 3

भगवत गीता के 18 में और अंतिम अध्याय को मनीषियों ने उपसंहार या सन्यास सिद्धि विषयक बतलाया है।

- भगवान इस अध्याय में भक्त अर्जुन के प्रश्नों का उत्तर सरलता से देते हैं तथा समझाते हैं -
- सन्यास और त्याग के बारे में -

त्याग

- भगवान कहते हैं कि त्याग भी तीन तरह के होते हैं - सात्विक, राजस और तामस।
- भगवान कहते हैं कि यज्ञ (Sacrifice), दान (Charity) और तप (Penance) त्याग करने योग्य नहीं।
- ये आवश्यक कर्तव्य है। ये बुद्धिमान पुरुषों को शुद्ध करने वाली क्रिया है और उनको संपूर्ण कर्तव्य को आसक्ति फलों का क्या करके करना चाहिए।
- नियत या निर्दिष्ट कर्तव्यों का त्याग करना उचित नहीं है, परंतु मोहवश कोई यह कर्म भी त्याग देता है, वह तामस त्याग कहा जाएगा।
- जब कोई व्यक्ति कुछ नियत कर्म शारीरिक कष्टप्रद समझकर त्याग कर देता है, उसे राजस त्याग कहा जाता है।
- जो त्याग शास्त्र अनुसार कर्म एवं कर्तव्य है, भाव से आशक्ति और फल का त्याग करना ही सात्विक त्याग है।

- सतगुणी बुद्धिमान व्यक्ति ना तो अशुभ कर्म से घृणा करता है ना शुभ कर्म में लिप्त रहता है ऐसा व्यक्ति कर्म के विषय में कोई संशय नहीं रखता है।
- भगवान कहते हैं देहधारियों के लिए समस्त कर्मों का परित्याग करना असंभव है।
- कर्म फल का त्याग ही असली त्याग है।
- जिसमें त्याग की भावना नहीं है उसके लिए इच्छित (इष्ट) अनिश्चित अनिष्ट तथा नित्य कर्म फल मृत्यु के बाद मिलते हैं।
- परंतु जो सन्यासी हैं उन्हें ऐसे सुख–दुख का फल नहीं भोगना पड़ता है।

कर्म पूर्ति के पाँच उपाय

(Neutralizing all action)

- भगवान अध्याय 18/13 में सांख्य शास्त्र के अनुसार कर्मों के सिद्धि के पांच उपाय बतलाते हैं –
- शरीर (कर्म का स्थान), कर्ता, इंद्रियों (अनेक), चेष्टाएँ (अनेक प्रकार के), परमात्मा ये पाँच कर्म के कारण है।

  Body, doer, the organs, manifold Daiva
- मनुष्य अपने शरीर, मन व वाणी से जो उचित या अनुचित कर्म करता है
- उपरोक्त पांच कारणों के फल स्वरुप
- उपयोग पांचो को ना मानकर अपने को कर्ता मानता है। वह बुद्धिमान नहीं है, Not view a right

- भगवान कहते हैं कि जिस पुरुष के अंतःकरण मैं मैं कर्ता हूं, जिस व्यक्ति की बुद्धि सांसारिक पदार्थों में और कर्मों से आसक्त है
- वह पुरुष उन सब लोक प्राणियों को मार कर भी ना मारता है और पास से बंधता है
- ज्ञाता (Knower), ज्ञान (Knowledge), ज्ञेता (Object of knowledge)यह तीन कर्म प्रेरणा (Motivate action)
- कर्ता, करण, क्रिया यह तीन प्रकार के कर्म संग्रह (Constituents of Action) है।
- भगवान कहते हैं कि प्रकृति के तीन गुणों के अनुसार ज्ञान, कर्म और कर्ता
- जिस ज्ञान से विभिन्न रूपों में विभक्त जीव को अभिभक्त, आध्यात्मिक प्रकृति से देखी जाती है वह सात्विक है।
- जिस ज्ञान से कोई मनुष्य विभिन्न शरीरों में भिन्न-भिन्न प्रकार के जीव देखता है, उसे राजसी ज्ञान कहा जाता है।
- जिस ज्ञान से मनुष्य किसी एक प्रकार के कार्य को अति तूच्छ है, सत्य को जाने बिना उसमें लिप्त रहता है वह तामसी ज्ञान है।

  Irrational, no real grasp of truth and trivial

कर्म (Action)

- भगवान कहते हैं कि जो कर्म शास्त्र विधि से फल की इच्छा के बगैर किया हुआ तथा बिना राग द्वेष से किया गया वह सात्विक है

- जो कर्म बहुत परिश्रम से भरा हुआ परंतु भोगो से युक्त अहंकारयुक्त भाव से पुरूष द्वारा किया हुआ है, वह राजस कर्म है Much strain, egotism etc.
- जो कर्म परिणाम, हानि, हिंसा और सामार्थय को को विचार करने वाला ना होकर अज्ञान से प्रारंभ किया गया हो, वह तामस कहा गया है।
- जो कर्ता (Doer) संग्रहरहित, अहंकार के वचन न बोलने वाला, धैर्य और उत्साह से युक्त तथा कार्य सिद्धि ना होने पर भी हर्ष, शोक इत्आदि विकारों से परे है – सात्विक कर्ता है।
- जो कर्ता आसक्ति से युक्त Full of attachment, कर्मो के फल चाहने वाला The fruit of action, लोभी Greedy, दूसरों को कष्ट देने वाला, स्वभाव अशुद्धाचारी और हर्ष शोक से लिप्त है, ऐसा कर्ता राजस कहलाता है
- जो कर्ता उपयुक्त शास्त्रों को न मानने वाला, अशिक्षित, घमंडी, धूर्त और दूसरों की जीविका नाश करने वाला, शोक करने वाला आलसी है, तामसी कर्ता है।

बुद्धि और धैर्य का विवरण

Understanding and Firmness

- भगवत गीता के अध्याय 18/29 में भगवान अर्जुन के बहाने संसार को बुद्धि और घृति के भेद बताये हैं।
- भगवान कहते हैं कि उपरोक्त विषयों के भी तीन भेद हैं, जो बुद्धि प्रकृति मार्ग और निवृत्ति मार्ग Path of activity and renunciation को कर्तव्य और अकर्तव्य अभय और भय बंधन एवं मोक्ष को यथार्थ में जानता है वह सात्विक बुद्धि है।

- जिस धर्म से धर्म, अधर्म तथा कर्तव्य, अकर्तव्य का यथार्थ नहीं जानता वह राजसी बुद्धि है। जो बुद्धी अधर्म को भी धर्म कहती है, संपूर्ण पदार्थो को भी वितरित मान लेती है, वह तामस बुद्धि है।

घृति और धैर्य

- भगवान कहते हैं कि जो अटुट है जिसे योगाभ्यास द्वारा अचल रहकर धारण किया जाता है, जो सब प्रकार के मन, प्राण तथा इंद्रियों के कार्यकलापों को वश में रखता है, वह घृति सात्विक है।
- जो धैर्य धार्मिक एवं आर्थिक कार्यो में कर्म फलों का आकांक्षी है, वह धैर्य या घृति रजोमुखी है।
- जो धृति स्वप्न भय शोक विशाद तथा मोह से अलक नहीं होती है ऐसी दूरबुद्धिपूर्ण घृति तामसी है।

सुख

- भगवान कहते हैं कि सुख भी तीन प्रकार के होते हैं।
- प्रारंभ में जो विष जैसा लगता है, अंत में अमृत समान हो जाता है मनुष्य का आत्मसाक्षात्कार जगता है,
- सात्विक सुख (Joy) कहलाता है
- जो सुख विषयक और इंद्रिय सुख सहयोग बनता है, पहले भोगकाल में अमृत तुल्य प्रतीत होता है, परन्तु परिणाम विष से तुल्य है यह परिणाम राजस सुख है।

Delight

- जो सुख भोगकाल में तथा परिणाम में भी आत्मा को मोहित करने वाला है।
- जो निद्रा, आलस्य और प्रमाद है वह तामस सुख है।
- भगवान कहते हैं 18/40 पृथ्वी, आकाश, देवताओं के घर या अन्य कहीं भी ऐसा कोई सत्व नहीं है जो प्रकृति के उत्पन्न इन तीनों गुणों से रहित हो।
- 18/41 में वर्ण ब्राह्मण, क्षत्रिय, वैश्य, सूत्रों के कर्म स्वभाव से उत्पन्न गुणों द्वारा विभक्त किए हैं।
- अंतःकरण का निग्रह करना Subjugation of the mind and senses धर्म पालन के लिए कष्ट सहना, इंद्रियों का दमन करना, बाहर भीतर से शुद्ध रहना, दूसरों के अपराधों को क्षमा करना, मन इंद्रियों और शरीर को सरल रखना, वेद शास्त्र, ईश्वर, परलोक आदि में श्रद्धा रखना
- वेद शास्त्रों का अध्ययन, अध्यापन करना
- परम तत्व का अनुभव करना यह सभी ब्राह्मण के संभावित कारन है
- सुर विरता, तेज धैर्य चतुरता, युद्ध से ना भागना, जान देना और स्वभिमान यह सब के सब क्षत्रिय के स्वाभाविक गुण हैं।
- खेती गोपालन क्रय-विक्रय रूप में सत्य व्यवहार यह सब पैसे के स्वभाविक गुण हैं।
- सब वर्णो की सेवा करना
- शुद्ध का स्वाभाविक गुण

- परन्तु यह वर्ण यो जाति व्यवस्था जन में न होकर कर्म आधारित है।
- अपने अपने स्वाभाविक कर्मो में तत्परता से लगा हुए मनुष्य भगवत का प्राप्ति का परम सिद्धि प्राप्त हो जाता है।

परमसिद्धि प्राप्त करने के उपाय

(Highest Consummation)

- 1846 भगवान कहते हैं जिस परमेश्वर से संपूर्ण प्राणियों की उत्पत्ति हुई है। जिससे समस्त जगत व्याप्त है।
- उस परमेश्वर को अपने स्वभाविक कर्मो द्वारा पूजा करके परम सिद्धि को प्राप्त कर, अच्छे आचरण के दूसरे धर्म से भी गुणरहित अपना धर्म श्रेष्ठ है।
- दोषयुक्त होने पर भी, सहज कर्म नहीं त्यागना चाहिए। धुएँ से अग्नि की भांति कभी कर्म किसी न किसी दोष से युक्त है।
- भगवान कहते हैं कि जो आत्मसंयमी, अनाशक्त है, जो समस्त भौतिक भोगों की परवाह नहीं करता।
- वह सन्यास के अभ्यास द्वारा कर्मफल से मुक्ति की सर्वोच्च सिद्धि अवस्था प्राप्त कर सकता है।

  Consummation of actionlessness
- सिद्धि को प्राप्त हुआ व्यक्ति परम सीधा अवस्था, अर्थात ब्रह्म ज्ञान का सर्वोच्च अवस्था है।
- ज्ञान प्राप्त करता है।

प्रेरणा – गीता से

- जो व्यक्ति अपनी बुद्धि से शुद्ध होकर धैर्य पूर्वक मन को वश में करते हुए हिंदी में तृप्ति के विषयों का त्याग कर राग और द्वेष से मुक्त होकर, जो व्यक्ति एकांत में वास करता है, जो थोड़ा खाता है, जो अपने शरीर, मन तथा वाणी को वश में रखता है, जो सदैव समाधि में रहता है, जो पूर्णतः विरक्त है, जो मिथ्या अहंकार, मिथ्या शक्ति, मिथ्या गर्व, काम, क्रोध तथा भौतिक वस्तुओं के संग्रह से मुक्त है।

- जो मिथ्या स्वामित्व की भावना से मुक्त है, जो शांत है, वह निश्चय ही आत्म साक्षात्कार के पद को प्राप्त कर सकता है।

Consciousness and Bliss

- भगवान कहते हैं कि मुझ सच्चिदानंदधन में एकी भाव से स्थित प्रसन्न मन वाला योगी, समस्त प्राणियों में समभाव वाला योगी,

- मेरी पराभक्ति को प्राप्त होता है।

Supreme devotion to me

- परा भक्ति (शुद्धभक्ति) से मुझ ब्रह्म को तत्व से जान लेता है और मुझ में प्रविष्ट हो जाता है। ऐसा परायण कर्म (Being) योगी संपूर्ण कर्म करता हुआ भी मेरी कृपा से सनातन, अविनाशी, परम पद प्राप्त होता है।

My grace the eternal, imperishable state

- संबुद्धि रूप योग को अवलम्बन हो मेरे परायण हो।

- निरंतर मुझमें चितवाला हो Constantly fix

- भगवान कहते हैं – मुझमें चितवाला व्यक्ति सब संकटों को अनायास पार कर जाता है। परन्तु अहंकारी नष्ट हो जाता है।

- मनुष्य अपने पूर्वकृत स्वाभाविक कर्म से बंधा हुआ है।

ईश्वरः सर्वभूताना हृद्देशंदर्जुन तिष्ठति।

भ्रामयन्सर्वभूतानि यन्त्रारुढ़ानि मायया।। 18/61

- शरीर रूपी यंत्र में आरूह हुए संपूर्ण प्राणियों को अंतर्यामी परमेश्वर अपनी माया से अनेक कर्मों के अनुसार भ्रमण करता हुआ सब प्राणियों के हृदय में स्थित है।
- आगे भगवान कहते हैं कि तू सब प्रकार से इस परमेश्वर की ही शरण में जा। उस परमात्मा की कृपा से तू परमशांति को सनातन परमधाम को प्राप्त होगा। Attain supreme peace and the eternal abode.
- तू मुझ में मनवाला हो, मेरा भक्त बन, मेरा पूजन करने वाला, मुझ को प्रणाम कर, ऐसा करने से तू मुझे प्राप्त होगा। Give your mind to me, be devoted to me, worship me and bow to me.
- ऐसा करने से तू मुझे ही प्राप्त होगा।
- मैं तुमसे सत प्रतिज्ञा करता हूं
- संपूर्ण धर्मों को अर्थात संपूर्ण कर्तव्य, कर्मों को मुझ में त्याग कर, तू केवल एक मुझ सर्वशक्तिमान, सर्वाधार परमेश्वर के ही शरण में आ जा
- मैं तुझे संपूर्ण पापों से मुक्त कर दूंगा
- भगवान कहते हैं – यह गुह्यज्ञान है।
- यह ज्ञान उसे ही बताया जाता है जो संयंमि, एकनिष्ठ, भक्ति में रत एवं मुझसे प्रेम करता हो
- यह शुद्ध व्यक्ति है

प्रेरणा – गीता से

- उसे सुनकर मेरे पास वापस आता है
- जो इस पवित्र संवाद को भक्ति से अध्ययन, श्रमण, पूजा करता है या सुनता है
- वह सारे पापों से मुक्त हो शुभ लोकों को प्राप्त होता है।
- धर्म का अर्थ है – धारण करने वाला अथवा जिसे धारण किया गया है, धारण करने वाला है उसे आत्मा कहा गया है जिसे धारण किया है – वह प्रकृति है।

॰॥॰ -- ॰॥॰

अध्याय – 14

भागवत गीता के सार

अध्याय-14

अतः भागवत गीता कोई साधारण ग्रंथ नहीं है, अपितु इसे साक्षात भगवान श्री कृष्ण ने कहा है -

- भागवत गीता निर्विशेषवादी के ब्रह्मभूत अवस्था के समान शुद्ध भक्तों की अवस्था को इंगित करती है।
- पूर्ण भगवत भक्ति ही शुद्ध भक्ति है।
- इस अवस्था को भागवत गीता मुक्ति की अवस्था की संज्ञा देती है।
- कृष्ण भावना भक्ति भक्त देहात में बुद्धि के विपरीत शुद्ध भक्ति है।
- शुद्ध भक्त नित आनंदित रहता है।
- भगवान संबंधी सत्य ज्ञान ही तत्व ज्ञान है।
- केवल पाण्डित्य या मनोधर्म द्वारा परमात्मा या कृष्ण को नहीं समझ सकते हैं।
- कृष्ण विज्ञान (तत्व) को समझने के लिए कृष्ण भावनामृत आवश्यक है।
- शुद्ध भक्ति के कारण परमेश्वर के दिव्य गुणों एवं एश्वर्य को यथार्थ रूप में जान सकता है।
- भौतिक बुद्धि या कलमस मुक्ति अवस्था है - शुद्ध भक्ति।
- भागवत गीता कहती है कि प्रत्येक जीव परमेश्वर का अंश है।
- जीव का उद्देश्य है - भगवान की सेवा करना।
- जो व्यक्ति कृष्ण भावनामृत में कर्म करता है, कृष्ण भगवान रूप रूप में उसके मित्र बन जाते हैं।

- भागवत गीता का सार तत्व है – जीवात्मा सर्वोपरि या सर्वे सर्वा नहीं है।
- भगवान परमात्मा रूप में ह्रदय में स्थित होकर जीव को निर्देश देते हैं –
- शरीर परिवर्तन होते ही जीव अपने विगत कर्मों को भूल जाता है।
- परमात्मा भूत, वर्तमान एवं भविष्य के ज्ञाता है।
- परमात्मा पूर्व जन्मों के साक्षी होते हैं।
- जीवो का संचालन उसी परमात्मा द्वारा होता है।
- जीव जितना योग्य होता है उतना ही पाता है या उस भौतिक शरीर द्वारा वहन किया जाता है।
- परमात्मा के निर्देश में भौतिक शक्ति द्वारा उत्पन्न किया जाता है।
- वह शारीरीक अवस्था के अंतर्गत कार्य करना प्रारंभ कर देता है।
- परमात्मा के आदेश से भौतिक प्रकृति एक विशेष प्रकार के जीव के लिए विशेष शरीर का निर्माण करती है।
- जिससे वह अपनी पूर्व इच्छाओं के अनुसार कर्म कर सके।
- मनुष्य स्वतंत्र नहीं है वह सदैव भगवान के नियंत्रण में है।
- भगवान की शरणागत होने पर व्यक्ति सभी भौतिक दुखों से छूटकारा पाता है।
- गुह्यज्ञान (ब्रह्मज्ञान), गुह्मतरज्ञान, परमात्मज्ञान (परमात्मज्ञान) तथा अंतिम अवस्था गुहमतमज्ञान है जो शरणागत अवस्था है।
- संपूर्ण भागवत गीता में भगवान द्वारा अनेक प्रकार के ज्ञान तथा धर्म की विधियां बताई गई है।

- परब्रह्म का ज्ञान, परमात्मा का ज्ञान, अनेक आश्रम तथा वर्णों का ज्ञान, संयास का ज्ञान, अनाशक्ति, इंद्रीय तथा मन का संयम–ध्यान आदि का ज्ञान।
- परंतु संपूर्ण भागवत गीता का सार तत्व है – शरणागति। अनन्य भाव से कृष्ण भक्ति।
- भागवत गीता का ज्ञान मुक्त पुरूष बनकर अज्ञान के अंधकार को पार कर लेता है।
- भागवत गीता में कर्मयोग, ज्ञानयोग तथा भक्तियोग का वर्णन है।
- श्री कृष्ण भगवान ही समस्त योगों के स्वामी हैं।
- संपूर्ण मोह से मुक्ति पाने का माध्यम है।
- कृष्ण के वास्तविकता के साथ जानना।
- भागवत गीता धर्म तथा नीति की परम विधि है।
- किसी भी क्षेत्र में संपूर्ण विजयश्री होगी, कृष्ण अर्जुन संवाद सुनकर यह जानकर।
- कृष्ण की शरणागति से ही मुक्ति मिलती है।
- जीवन सफल व कारगर होता है।
- भागवत गीता ज्ञान का अथाह सागर है।
- जीवन का प्रकाश पुंज व दर्शन है।
- सोकर करूणा से निवृत होने का संपर्क मार्ग है।
- भारत की महान धार्मिक, संस्कृति और उसको मूल्यों को समझने का ऐतिहासिक साहित्यिक साक्ष्य है।
- ठतिहास, दर्शन, समाजशास्त्र और विज्ञान है।
- लोक परलोक दोनों का आध्यात्मिक मूल्य है।
- गीता, सुगीता, कर्तव्य किम–यैः शास्त्र विस्तरैः।

प्रेरणा – गीता से

- पद्मनाभस्य मुखमदमाद्विनीः सुताः

- श्री गीता एक ऐसा अनुपमेय शास्त्र है जिसमें एक भी शब्द सदुपयोग से खाली नहीं है।

- गीता का प्रारंभ धर्म शब्द से होता है तथा गीता के 18वें अध्याय के अन्त में इसे धर्मसंवाद कहा गया है।

- वेदों का सार उपनिषद है और उपनिषदों का सार गीता। गीता का सार पढ़कर ही जाना जा सकता है कि आखिर धर्म, जीवन, मृत्यु क्या है? इसे बार-बार पढ़कर हमें साहस का संचार होता है और जीवन के संघर्षों को हम संघर्ष नहीं उत्सव बना देते है। गीता में लिखा है – *निराश मत होना कमजोर तेरा वक्त है तू नहीं।*

- *जो हुआ वह अच्छा हुआ, जो हो रहा है वह अच्छा हो रहा है, जो होगा वह भी अच्छा होगा। तुम्हारा क्या गया जो तुम रोते हो, तुम क्या लाए थे जो तुमने खो दिया, तुमने क्या पैदा किया था जो नष्ट हो गया, तुमने जो लिया यहीं से लिया जो दिया यहीं पर दिया, जो आज तुम्हारा है कल किसी और का था, कल किसी और का होगा।*

- परिवर्तन ही संसार का नियम है। जो लोग भक्ति में श्रद्धा नहीं रखते वो मुझे पा नहीं सकते।

- अतः वे इस दुनियाँ में जन्म मृत्यु के रास्ते पर वापस आते रहते हैं।

अध्याय - 15

भागवत गीता के संदर्भ में महापुरूषों की राय

अध्याय-15

भगवत गीता के संदर्भ में महापुरूषों की राय

लगभग 15 वर्ष पूर्व की बात है डॉ0 एपीजे अब्दुल कलाम, पूर्व राष्ट्रपति भारत के श्रेष्ठ 125 इंजीनियर एवं तकनीकी विशेषज्ञों की सभा को संबोधित कर रहे थे। उन्होंने उच्च विषयों के बाद उनसे पूछा कि आप भागवत गीता पढ़ते हैं? उन्होंने उत्तर दिया - यह एक धार्मिक ग्रंथ है हम इसे नहीं पढ़ते। एपीजे अब्दुल कलाम जी ने कहा - "गीता - केवल एक धर्म ग्रंथ ही नहीं, जीवन मूल्यों का ग्रंथ है। मैं इसे निरंतर पढ़ता हूं। यह हमारे देश का खजाना है। इसे अवश्य पढ़ना चाहिए।"।

भागवत गीता पढ़कर ही भारत रत्न माननीय पूर्व राष्ट्रपति डॉ0 अब्दुल कलाम ने आजीवन मांस-मछली इत्यादि न खाने की प्रतिज्ञा की थी। जीवन के अंत तक इसका पालन करते रहे।

विक्रम साराभाई

एक दिन चेन्नई में समुद्र के किनारे धोती वाले एक सज्जन भगवद् गीता पढ़ रहे थे। तभी वहां एक लड़का आया और बोला आज साइंस का जमाना है, फिर भी आप लोग ऐसी किताबें पढ़ते हो। जो चीज जमाना चांद पर पहुंच गया है आप लोग वही गीता रामायण मैं ही अटके हो इस सज्जन ने उस लड़के से पूछा आप गीता जी के विषय में क्या जानते हैं? वह लड़का जोश में आकर बोला मैं विक्रम सराभाई रिसर्च संस्थान का छात्र हूं। I am a scientist यह गीता बेकार है, हमारे लिए नहीं है। वह सज्जन हंसने लगा।

तभी दो बड़ी-बड़ी गाड़ियां वहां आकर रुकी और ब्लैक कमांडो उतर कर उन्हें सलामी दी दरवाजा खुला हुआ सजन मुस्कुराते हुए बोला मैं विक्रम साराभाई हूं लड़के को 440 का झटका लगा और गीता पढ़ने लगा।

लोकमान्य तिलक

प्रसिद्ध समाजशास्त्री लोकमान्य तिलक भगवत गीता रहस्य नामक भाष्य लिखा है। उसमें कर्मयोगी सिद्धांत का अर्थ बताते हुए कहते हैं कि निष्काम कर्म भी केवल साधना है। भक्ति ही अंतिम निष्ठा है। भक्ति की सिद्धि हो जाने के बाद कर्म करना या न करना एक ही बात है।

सर्वपल्ली राधाकृष्णन

शरीर के रथ में सवार होकर योद्धा के सारथी, उसके मार्गदर्शक श्रीकृष्ण है। जब व्यक्ति शिष्य बनकर सच्चाई से, श्रद्धा के साथ, पूर्णता की खोज रखता है तब लक्ष्य भगवान ही मार्गदर्शन बन जाते हैं। राधाकृष्णन ने गांधीजी को भागवत गीता पुस्तक भेंट करते हुए कहा था कि भागवत गीता जीवन के लक्ष्यों को हृदयंगम करने में महत्वपूर्ण सहायता देती है।

राष्ट्रपिता महात्मा गांधी

गीतमाला नामक पुस्तक में गांधीजी लिखते हैं – मानव जीवन ज्ञान, भक्ति और कर्म का समन्वय है। गीता उनसे संबंधित सभी

समस्याओं का समाधान है। स्वाध्याय पूर्वक गीता का किया गया अध्ययन जीवन के गुढ़ रहस्य को उजागर करती है। गांधीजी अपने व्याख्यान में करते हैं "जो मनुष्य गीता का भक्त होता है उसे कभी निराश नहीं होना पड़ता वह हमेशा आनंद में रहता है"

आगे गांधीजी गीतमाला में लिखते हैं – आज गीता मेरे लिए केवल बायबल नहीं है, केवल कुरान नहीं है वह मेरे लिए माता हो गई है। मुझे जन्म देने वाली माता तो चली गई संकटसमय गीता माता के पास जाना मैं सीख गया हूं। जो कोई इस माता की शरण में जाता है उसे ज्ञानामृत सेवतृत करती है।

"यंग इंडिया" राष्ट्रीय स्वतंत्रता संग्राम के मुख्य पत्र में गीता के विषय में लेख संपादकीय में उन्होंने लिखा जब निराशा मेरे सामने आ खड़ी होती है और जब बिल्कुल एकाकी मुझको प्रकाश की किरण नहीं दिखाई पड़ती। तब मैं गीता की शरण लेता हूं। जहां-तहां कोई ना कोई श्लोक मुझे ऐसा दिखाई पड़ जाता है कि मैं विषम परिस्थिति में भी तुरंत मुस्कुराने लगता हूं। मेरा जीवन बाह्य विपत्तियों से भरा रहा है। यदि वे मुझ पर अपना कोई दृश्यमान चिन्ह नहीं छोड़ जा सके तो इसका सारा श्रेय भागवत गीता की शिक्षाओं का है।

विनोबा भावे

गीता प्रवचन में विनोबा भावे जी कहते हैं गीता जवानी जमा खर्च का शास्त्र नहीं किंतु आचरण शास्त्र है स्वामी विवेकानंद भारतीय आध्यात्मिक चेतना के प्रेरणा पुंज।

प्रेरणा – गीता से

स्वामी विवेकानंद

स्वामी विवेकानंद ने कहा है – गीता उपनिषदों के चयन किए हुए अध्यात्मिक सत्य के सुंदर पुष्पों का गुच्छा है।

श्री अरविंद

भागवत गीता एक धर्म ग्रंथ किताब न होकर एक जीवन शैली है जो हर उम्र के लोगों को अलग-अलग संदेश और सभ्यता का अलग-अलग समझाती है।

संत ज्ञानेश्वर

संत ज्ञानेश्वर ने गीता जी के बारे में कहा है गीता विवेक रूपी वृक्षों का एक अपूर्व बगीचा है। यह सब सुखों की नींव है। सिद्धांत रत्नों का भंडार है। नवरस रूपी अमृत से भरा हुआ समुद्र है। सब विद्याओं की मूल भूमि है।

गीता के संबंध में – गीता के पाण्डित्व विद्वान – डॉ० श्री प्रभु नारायण जी ने लिखा है कि यदि गीता के शिक्षाओं को पूरी तरह आत्मसात करते हुए और उसके अनुसार अपने व्यवहार एवं स्वभाव में परिवर्तन करते हुए इसका अनुसरण किया जाए तो पूरा जीवन इस ग्रंथ को पढ़ने में लग सकता है।

एक विद्वान ने कहा है गीता, उपन्यास या कोई मनोरंजन पुस्तक नहीं है। व्यक्ति मात्र के मन बहलाव की पुस्तक नहीं है। यह जीवन का गंभीर दर्शनशास्त्र है। इसमें श्रद्धा भाव के साथ साथ व्यवहारिक भाव भी है। गीता का शाब्दिक अर्थ है – गाण हुआ

भगवान द्वारा गाया हुआ गीत या दिया गया उपदेश ही भागवत गीता है।

वेदव्यास जी कहते हैं –

गीता सुगीता कर्तव्या किमन्मैः शास्त्रविस्तरैः।।

अर्थात् – गीता का ही अच्छी प्रकार अध्ययन कर लेना प्रयाप्त है। अन्य शास्त्रों की कोई प्रयोजन नहीं रहता है। बहुत सारे ऐसे दृष्टांत मिल जाएंगे कि श्री कृष्ण शरणं मम मंत्र के प्रभाव से कई लोगों की मुसीबत व बाधाएं टल गई हैं।

अध्याय – 16

पाश्चात दार्शनिक के विचार

प्रेरणा – गीता से

अध्याय-15
पाश्चात दार्शनिक के विचार

श्रीमदभगवतगीता वर्तमान में धर्म से ज्यादा जीवन के प्रति अपने दार्शनिक दृष्टिकोण को लेकर भारत में ही नहीं विदेशों में भी लागों का ध्यान अपनी ओर आकर्षित करती है।

विश्व के महानतम वैज्ञानिक अल्बर्ट आइंस्टाईन कहते हैं – भगवतगीता को पढ़कर मुझे ज्ञान हुआ कि इस दुनियाँ का निर्माण कैसे हुआ।

- पाश्चात्य जगत में विश्व साहित्य का कोई भी ग्रंथ इतना अधिक उद्धरित नहीं हुआ, जितना भगवत गीता हुआ है।
- श्रीगीता वर्तमान में धर्म से ज्यादा जीवन के प्रति अपने दार्शनिक दृष्टिकोण को लेकर भारत में नहीं विदेशों में भी लोगों का ध्यान अपनी ओर आकर्षित कर रही है।
- श्रीगीता मानवता का अबतक का सबसे महत्वपूर्ण संविधान है।
- गीता जिस धर्म का सार है, उस धर्म का वैदिक धर्म कहते हैं।
- जिसमें प्राणीमात्र के लिए आनन्दमय एक शान्तिपूर्ण जीवन का दर्शन है।

अध्याय - 17

प्रबन्धन शास्त्र

Management Guide

प्रेरणा – गीता से

अध्याय-17

दुनियाँ भर के बड़े-बड़े प्रबंधन संस्थान गीता ज्ञान पर आधारित पाठ्यक्रम चला रहे हैं। वर्तमान भौतिक युग में युवाओं के लिए या अमृतवाणी के समान है। निराशा, क्रोध, स्वार्थ, अकर्मण्यता, आलस, गलाकाट, प्रतियोगिता के इस युग में गीता जी हमारी सबसे बड़ी शक्ति है।

भागवत गीता का प्रबंधन से जुड़ी सबसे मुख्य बातें हैं

- निष्काम कर्म का गीता संदेश प्रबंधन गुरूओं को भी लुभा रहा है।
- भगवान समझाते हैं कि निष्काम कर्म भावना में ही जगत का कल्याण है।
- श्री कृष्ण ने उपदेश से समझाया कि अमृत वचन है।
- गीता के जरिए दुनिया को उपदेश मिला की कौरवों की पराजय महज पांडवों की विजय नहीं बल्कि धर्म की और धर्म पर न्याय अन्याय पर और सत्य की असत्य पर जीत है।
- गीता न सिर्फ मृत्यु प्रसंग की धार्मिक क्रिया का हिस्सा है।
- यह जीवन से भरपूर है।
- युवाओं के लिए वरदान से कम नहीं है।
- इसमें पद पद पर संकेतक लगे हुए हैं।
- हमें एक सुरक्षित संकल्प लेती है।
- यह संकल्प हमें मान्यताओं से ऊपर उठकर वृहतर संसार में जाती है जहां सुंदर भविष्य हमारी प्रतीक्षा कर रही है। जहां विश्वास की अग्नि प्रज्वलित हो रही है।

- अनगिनत संभावनाएं हमारे सामने खुलने के लिए खड़ी हुई मिलती हैं।
- भगवान उस युवक के साथ संवाद करते हैं, जो निराश है, कर्म से छुट्कारा पाना चाहता है, आत्म संसार से गिरा हुआ उदासीन है, किनारे निढाल बैठा है।
- दुनिया का सबसे बड़ा वीर धनुर्धर धनुष रख निराश है।
- युवक चेतना का आदर्श प्रतिनिधि है।
- स्थिर बुद्धि योग से उत्पन्न होती है।
- स्थिर बुद्धि है जिससे जीवन को प्रबंधित करता है। जीवन कौशल है जो आंसरीक अनुशासन के साथ आचरण की पवित्रता के लिए आग्रह करता है।
- गीता में दर्शाए गए सिद्धांतों से प्रबंधन के सिद्धांत को ठोस आधार मिलता है।
- कंपनियों की उत्पादकता व कर्मचारियों की कार्य दक्षता बढ़ाने में मददगार साबित है।
- भागवत गीता में दृष्टिकोण, नेतृत्व, प्रेरणा, कार्यदक्षता और योजना निर्माण के सिद्धांतों की चर्चा है।
- भगवत गीता आधुनिक युग में समस्याओं से घिरे हुए मनुष्य को एक कर्मशील जीवन जीने के लिए उत्साहित करती है।
- जीवन से निराश मनुष्य को आशाओं से भर देती है।
- भगवान उपदेश देकर भागती–दौड़ती जिंदगी में मानव के मन को उसकी आत्मा को शांति स्थिरता, प्रसंता का संचार करती है।
- भगवत गीता के उपदेशों से भगवान कहते हैं कि

- सफलता जिस ताले में बंद रहती है वह दो चाबियों से खुलती है – एक कठिन परिश्रम और दूसरा दृढ़ संकल्प।
- मानव कल्याण ही भागवत गीता का प्रमुख उद्देश्य है, इसलिए मनुष्य को अपने कर्तव्यों का पालन करते समय मानव कल्याण को प्राथमिकता देना चाहिए।
- मनुष्य का मन इंद्रियों के चक्रव्यूह के कारण भ्रमित रहता है। जो वासना, लालच, आलस्य जैसी बुरी आदतों से ग्रसित है। इसलिए मनुष्य का अपने मन एवं आत्मा पर पूर्ण नियंत्रण होना चाहिए।
- श्रेष्ठ पुरुष को सदैव अपने पद और गरिमा के अनुरूप कार्य करने चाहिए। क्योंकि श्रेष्ठ पुरुष जैसा व्यवहार करेंगे उन्हीं आदर्शों के अनुरूप सामान्य पुरुष भी वैसा ही व्यवहार करते हैं।
- श्री भागवत गीता मानव सभ्यता और विश्व वाडमय को भारत का अनुपम कालजयी उपहार है।
- गीता के आरंभ में कुरुक्षेत्र की समरभूमि में पांडव कौरव सेनाओं के मध्य खड़ा पराक्रमी अर्जुन रण हेतु उधत सेनाओं में अपने रक्त संबंधियों पूज्य जनों तथा स्नेही जनों को देखकर विषादग्रस्त हो जाता है।
- किंकर्तव्यविमूढ़ अर्जुन का कर्तव्य बोध कराने के लिए श्री कृष्ण जो उपदेश देते हैं वही भागवत गीता में संकलित है।
- उन उपदेशों में भ्रमित मन को संतुलित करने के लिए प्रबंध उपाय अंतर्निहित है।
- घर, कार्यालय, दुकान, कारखाना, चिकित्सालय, विद्यालय शासन–प्रशासन या अन्य कहीं भी हर स्थान पर प्रबंधन कला के सूत्र सिद्धांत व्यवहार में आते हैं।

- समय सामग्री, तकनीक, श्रमवित, यंत्र, उपकरण, नियोजन प्राथमिकताएं, नीतियां, अभ्यास तथा उत्पादन हर क्षेत्र में प्रबंधन अपरिहार्य हो जाता है।
- जीवन के किसी भी क्षेत्र में मानवीय प्रयासों को सम्यक समुचित व्यवस्थित रूप से किया जाना ही प्रबंधन है।
- किसी एक मनुष्य का अन्य मनुष्यों के साथ पारस्परिक सक्रिय अंतर्संबंध में संलग्न करना ही प्रबंधन है।
- किसी मनुष्य की कमजोरियां दुर्बलताओ अभावों या कमियों पर विजय पाकर अन्य लोगों के साथ संयुक्त प्रयास करने में सक्षम बनाना ही प्रबंधन करना है।
- प्रबंधन कला मनुष्य के विचारों तथा कर्म, लक्ष्य तथा प्राप्ति योजना तथा क्रियान्वयन, उत्पादन तथा विपणन में साम्य स्थापित करना है। यह लक्ष्य प्राप्ति हेतु जमीनी भौतिक, तकनीकी या मानवीय त्रुटियों, कमियों अथवा विसंगतियों पर उपलब्ध न्यूनतम संसाधनों व प्रक्रियाओं अधिकतम प्रयोग करने की कला व विज्ञान है।
- प्रबंधन की न्यूवता, अव्यवस्था, भ्रम, बर्बादी, अपव्यय, विलंब, ध्वंस तथा हताशा को जन्म देती है। सफल प्रबंधन हेतु मानव धन, पदार्थ, उपकरण आदि संसाधन का उपस्थिति, परिस्थितियों तथा वातावरण में सर्वोत्तम संभव उपयोग किया जाना अनिवार्य है। किसी प्रबंधन योजना में मनुष्य सर्वप्रथम और सर्वाधिक महत्वपूर्ण घर घटक होता है। अतः मानव प्रबंधन को सर्वोत्तम रणनीति माना जाता है। प्रागैतिहासिक काल की आदिम अवस्था से रोबोट कंप्यूटर के वर्तमान काल तक किसी न किसी रूप में उपलब्ध संसाधनों का प्रबंधन हमेशा महत्वपूर्ण रहा है। वासुदेव कुटुंबकम के सिद्धांत को मूल होते देखते वर्तमान समय

प्रेरणा – गीता से

में प्रबंधन की विधियां अधिक जटिल हो गई है। किसी समय सर्वोत्तम सिद्ध हुए नियम अब व्यर्थ हो गए हैं। इतने व्यापक परिवर्तन तथा लंबी समय अवधि बीतने के बाद भी गीता के प्रबंधन सूत्रों की उपादेयता बढ़ रही है। गीता युवाओं के लिए कालजई ग्रंथ है। युवाओं के लिए कैरियर बिल्डिंग एंड मैनेजमेंट ग्रंथ है। गीता के निम्नलिखित श्लोक प्रबंधन पर उपयोगी हो सकता है

- आरम्भ में 2/3 में, 2/7, 2/11, 2/15, 2/16, 2/41, 2/45, 2/46, 2/48, 2/49, 2/50, 2/52, 53, 2/69, 2/60/61, 3/8, 3/9, 3/35, 6/29, 6/5, 7/4-7, 11/33, 11/55

- पढ़ने और समझने से युवा प्रेरित हो सकते हैं।

॥ॐ -- ॐ॥

अध्याय - 18

छात्र एवं युवाओं के लिए उपयोगी गीता।

अध्याय–18

छात्र एवं युवाओं के लिए उपयोगी गीता।

भगवत गीता के अध्याय 14/17 में भगवान कहते हैं।

सत्वात्सपजायते ज्ञानं रजसो लोभ एवं च।

प्रमाद माहौ तमसो भवतोज्ञानमेव च।।

अर्थात सत्वगुण से ज्ञान उत्पन्न होता है और रजोगुण से निःसंदेह लोभ तथा तमोगुण से प्रमाद एवं मोह उत्पन्न होता है। और अज्ञान भी होता है। निसंदेह सुसंगत के प्रभाव से व्यक्ति उर्ध्वगामी और फुसंग से अधोगामी होता है।

छात्रों के लिए सिर्फ उत्साह ही काफी नहीं है। बल्कि उसका दिशा भी सही होना चाहिए। सही तरीके से सही दिशा में किए गए प्रयास ही उचित फल देता है।

छात्र देश काल के भविष्य हैं, अतः सही दिशा प्रेरित करना बेहद जरूरी है। इस दिशा में प्रेरणा के लिए भागवत गीता गुरु बन सकती है।

धार्मिक ग्रंथ है बल्कि सभी के लिए सब काल, सब युग के लिए एक नई सोच, एक नई दिशा, एक नई दृष्टि, एक नई ज्ञान देती है।

गीता 2/33 में भगवान कहते हैं

अथ चेतत्वमिंम धर्म्य संग्रामं न करिष्यसि।

ततः स्वधर्म कीर्ति च हित्वा पापमवारस्यसि।।

If you refuse to fight this, right own war then, shirking your duty and losing your reputation, you will in cur sin.

अर्थात कभी संघर्ष और अपने सामाजिक कर्तव्य का त्याग नहीं करना चाहिए। विद्यार्थी का धर्म है सही शिक्षा ग्रहण करना और सही कर्म करना। यही कर्म है, यही धर्म है।

श्रीमद्भागवत में वर्णन है कि बालक में गर्भस्य ज्ञान संस्कार प्रारंभ हो जाता है। मातृगर्भ की शिक्षा संस्कार सभी संस्कारों से सर्वोत्तम है।

श्री सुखदेव जी, श्री अभिमन्यु जी स्वयं प्रमाण है। 5 वर्ष के बालक ध्रुव जी को माता ने कहा नारायण से वरदान लेकर आओ। माँ की आज्ञा से वन में नारायण से चिरंजीवी वरदान प्राप्त किए। बालक नचिकेता पिता के वचन से आरूढ होकर 3 दिन तक यमराज के चौखट पर पड़े रहे। भूखे प्यासे और फिर ब्रह्मविद्या प्राप्त कर पृथ्वी पर लौट आए।

छत्रपति शिवाजी बाल जगत भी छात्रों के प्रेरणा स्रोत बन सकते हैं। बालपन से ही माता जीजाबाई उन्हें विभिन्न पुराणों की कथा सुनाती। भारतीय संस्कृति की रक्षा, गौ रक्षा, हिंदुत्व की रक्षा, देव प्रतिष्ठा की स्थापना हेतु प्रबोधित करती थी। उसका परिणाम सामने है।

शिवाजी ने मुस्लिम शासक व मुगलों के छक्के छूरा दिए। शासन समाप्त करने को प्रतिबद्ध होकर धर्म की स्थापना किए। गुरुजन तथा माता-पिता बाल्यकाल से ही बच्चों को सचरित्रता का, सदाचार का, सदव्यवहार का शिक्षा दें। विभिन्न 10 बातें बताएं –

1. क्या करें, क्या ना करें।
2. क्यों करें, क्यों न करें।

3. लाभ क्या है, हानि क्या है।
4. कब करें, कब न करें।
5. कैसे करें, कैसे न करें।
6. कहाँ करें, कहाँ न करें।
7. उचित क्या है, अनुचित क्या है।
8. किसका संग करें, किसका न करें।
9. मित्र कैसा हो, कैसे लोगों की मित्रता हानिकारक है।
10. हमारे जीवन का आदर्श कौन होना चाहिए

एक कथा –

एक बालक जन्म के समय बहुत कमजोर था और बचपन में ही पोलियो का शिकार हो गया। डॉक्टर ने इलाज के दौरान माता–पिता से बोला कि असर दवाओं का नहीं होगा। बच्चे के अंदर इच्छाशक्ति पैदा करना ही उपचार होगा। माता–पिता उसे पार्क ले जाकर व्यायाम कराते। धीरे–धीरे बच्चे की गांठे खुलने लगी और बच्चा दौड़ने कूदने लगा। धीरे–धीरे बालक ओलंपिक के तीन प्रतिस्पर्धा में स्वर्ण पदक और रिकार्ड कायम किया। वर्ष 1900, देश अमेरिका नाम रे एकरी था। कारण था दृढ इच्छाशक्ति का विकास। जो मां बाप के निर्देशन में पनपता है। गुरु के निर्देशन में पनपता है। सनातन का पौराणिक साहित्य विर और बोध गाथाओं से भरा पड़ा है। सतऋषि के योगदान भागीरथ के भगीरथी प्रयास। राजा हरिश्चंद्र के सत्य वचन। राजा युधिष्ठिर के धर्म न्यायप्रद शासन। विदुर, चाणक्य और भतुलहरि के नीति ज्ञान ऐसे हजारों मनिषी एवं विचारक हैं, जिनकी जीवन गाथा पढ़कर आने वाली पीढ़ियों का नैतिक स्तर में गुणात्मक सुधार किया जा सकता है। भागवत गीता के श्लोक 2/47 में भगवान करते हैं

कर्मण्येवाधिकारस्ते मा फलेषु कदाचन।

मा कर्मफलहेतुर्भूमां ते संगडोडस्त्वकर्मणि।।

Your right is to work only and never to the fruit there of do not conside yourself to be the cause of the fruit of action. Nor let your attachment be to inaction.

अर्थात् कर्म करने में निष्चय ही अधिकार तो परंतु कर्म फलों में अधिकार कदापि नहीं है। अतः आसक्ती कर्मफल त्यागने में है।

इस श्लोक में विचारणीय तीन कर्म हैं। कर्म (स्वधर्म), विकर्म तथा अकर्म। प्रकृति के गुणों के अनुरुप कर्म ही योग्य है। गुरु के सहमति के बिना कर्म विकर्म है तथा कर्म का त्याग अकर्म है।

अतः विद्यार्थी को निष्क्रिय ना होकर कर्मफल के आसक्त हुए बिना अपना कर्म करना चाहिए। यहाँ कर्म की तीन अपश्रेणियाँ भी हैं – नित्यकर्म, आपातकालीन कर्म और इच्छित कर्म। नित्यकर्म शास्त्रों के निर्देशानुसार, गुरु की आज्ञा से, सतोगुण रूप में ग्रहण करना चाहिए। जैसे – नित्य स्कूल कॉलेज जाएँ। लेसन तथा पाठ्यक्रम का नियमित अभ्यास करें। परंतु फलयुक्त बंधन के कारण बनते हैं जैसे – परीक्षा में उच्च अंक प्राप्त करने हेतु नकल / पैरवी या अन्य शॉर्टकट माध्यम चुनना विकर्म है। आसक्त होकर कर्म ही धर्म कल्याणकारी मार्ग है।

गीता कहती है कि मनुष्य को अपने धर्म के अनुसार कर्म करना चाहिए। जैसे विद्यार्थी का धर्म विद्या प्राप्त करना। सैनीक का धर्म देश की रक्षा करना। जिस मानव का जो कर्तव्य है उसे वह कर्तव्यपूर्ण करना चाहिए।

अर्जुन भगवान से प्रश्न करते हैं मन चंचल है कैसे वशीभूत किया जा सकता है। भगवान कहते हैं

असंशय महाबाहो मनो दुर्निग्रहं चलम।

अभ्यासेन तु कॉन्क्षेय वैराग्येण च गृहमते।।

अर्थात भगवान कहते हैं – हे, महाबाहो, निःसंदेह मन चंचल और कठिनता से वश में होने वाला है। परंतु हे कुंती पुत्र उसे अभ्यास और वैराग्य के द्वारा बस में किया जा सकता है।

कोई भी इंसान जन्म से नहीं बल्कि अपने कर्मों से महान बनता है।

प्रभु जो व्यक्ति के लिए गंदगी का ढेर पत्थर और सूचना सभी समान है।

इति समाप्त

जय श्री कृष्ण।

जय श्री कृष्ण।

जय श्री कृष्ण।

www.ingramcontent.com/pod-product-compliance
Lightning Source LLC
LaVergne TN
LVHW081550060526
838201LV00054B/1844
* 9 7 8 9 3 5 7 4 1 3 1 8 3 *